名师名校名校长

凝聚名师共识
回应名师关怀
打造名师品牌
培育名师群体

程明远题

教育拾穗

JIAOYU SHISUI

陈艳红名班主任工作室
教育案例集

陈汉城　陈艳红／主编

东北师范大学出版社

长春

图书在版编目（CIP）数据

教育拾穗：陈艳红名班主任工作室教育案例集 / 陈汉城，陈艳红主编. — 长春：东北师范大学出版社，2022.10

ISBN 978-7-5681-9538-6

Ⅰ.①教… Ⅱ.①陈… ②陈… Ⅲ.①班主任工作—案例 Ⅳ.①G451.6

中国版本图书馆CIP数据核字（2022）第187094号

□责任编辑：石　斌　　　　　□封面设计：言之凿
□责任校对：刘彦妮　张小娅　□责任印制：许　冰

东北师范大学出版社出版发行
长春净月经济开发区金宝街 118 号（邮政编码：130117）
电话：0431-84568023
网址：http：//www.nenup.com
北京言之凿文化发展有限公司设计部制版
北京政采印刷服务有限公司印装
北京市中关村科技园区通州园金桥科技产业基地环科中路 17 号（邮编：101102）
2022年10月第1版　　2022年11月第1次印刷
幅面尺寸：170mm×240mm　印张：15　字数：224千

定价：58.00元

序言

有人说，人之处境的妙趣就在于，人必须是不止息的学习者。作为传道授业的班主任老师，我们更需要通过学习来实现自身的专业成长与生命成长。

班主任工作是育人的工作，也是育心的工作。陈艳红老师曾说："我理解的关怀，适度的嘘寒问暖只是一方面，更重要的是以学生的终身成长为目的的关怀，关怀学生的心理健康，关怀学生的心理感受，关怀学生的情绪起伏，关怀学生的进退变化，并给予学生及时的鼓励与肯定、赞许与期待、指导与引领。""关怀而非冷漠"是师生沟通中最关键的一环，是陈艳红老师的智慧锦囊，也体现了陈老师的教育情怀，如春风化雨，激荡起教育之声，激发一位又一位"后浪"班主任在教育的田野里寻找智慧的麦穗。这就是班主任应有的态度。

在陈艳红老师的指导下，《教育拾穗：陈艳红名班主任工作室教育案例集》一书汇总了优秀班主任的教育案例，听学生讲每一天细碎的小事，看学生做每一个微小的动作，感受着学生呼喊出的一声又一声亲切的"老师"。我们在教育的舞台上相遇，讲述着世间最精彩的故事，在真实的故事中感受、体验着教育应有的温度。

有人说，人世间最幸福的事就是自己的声音被听到，最动听的旋律就是声音的彼此碰撞和交流。我们希望这一则则美丽的故事能在读者心中种下一粒粒智慧的种子，让他们收获更多的爱与希望。

目　录

第一篇

深圳市福田区实验教育集团

侨香学校教育案例

孩子，换种方式试试

深圳市福田区实验教育集团侨香学校　李宛蓉

【教育背景】

父母是孩子的第一任老师，家庭是孩子成长的第一环境，所以家长之间的相处方式对孩子性格的养成有至关重要的作用。如今，社会离婚率越来越高，有些离异家庭的孩子，心灵会受到创伤。他们变得冷漠、孤独、暴躁，偶尔会有出格行为，似乎想用叛逆的行为来引起父母和周围人的关注。他们看到的多是不和谐的生活环境，也可能变得敏感、多疑、消极，不愿意与人相处。

【事例重现】

我们班有个很引人注目的孩子——小周，在一年级第一次见面的时候我就注意到他了，因为他不仅长得帅，而且举止很特别。第一天全体排队放学的时候，其他孩子都尝试着排成两队，只有他环抱着爸爸，坚决不肯排队，活像个小树袋熊，他的爸爸也一脸无奈又宠溺地看着他。当时我就意识到，他一定会给我很多"惊喜"。

果然，最开始他只是上课突然跳起来，大声插嘴，和同学打闹，再往后就是上课严重不守纪律，打架、掀桌子，对老师和家长撒谎，等等。因为他屡屡被同学的家长投诉，所以换座位的次数真是不少。为此我感到非常头痛。我曾经和小周的爸爸、妈妈分别沟通过多次，发现他们的家庭教育理念有严重分歧：面对同学的推打行为，妈妈提倡的是别人打他，他就得百倍奉还，爸爸教导的是"君子动口不动手"；面对不写作业的问题，妈妈主张不肯写就交给老师来批评，爸爸认为"当日事当日毕"；面对孩子撒谎的问题，妈妈觉得孩子还小，多教育就好，爸爸则一顿暴打再加上训诫……父母的教育方法完全不同，妈妈的宽容和爸爸的严厉导致孩子选择处理问题的方式时摇摆不定。小周的父母一直都向我反映，他们彼此并不认同对方的教育理念，但是又说服不了对方，同时，因为家里老人过于溺爱孩子，以至于孩子一有问题就去找老人撒娇，老人就不允许他们管教孩子了。这种情况让我深深担忧。我总觉得，终有一天他们的家庭矛盾会爆发。如果那天到来，小周可怎么办？

四年级的某一天，数学科代表急匆匆地跑到办公室找我，说小周与数学老师发生了矛盾，让我赶紧去看看。最近这几天小周表现得异常暴躁，出现这个情况我也没有感到特别意外。我急忙跑出去，远远就看到小周蹲在教室门外，低着头。我尝试说服他去我办公室聊聊，但是他说什么都不肯起来。小周的自尊心非常强，之所以在数学课上总是顶撞老师，就是因为他觉得老师不尊重他、不认可他。于是，我也蹲了下来，看着他，问他："孩子，你最近是不是心情不好？"他沉默了一会儿，点点头。我继续问："那是什么原因让你心情不好呢？李老师发现有好几天了呢！和李老师说说吧。"他继续沉默，双手抱着自己的腿。我故意提道："今天这事儿，数学老师肯定会反馈给你爸爸妈妈，你爸爸妈妈又要和你谈了，到时候……""我爸爸妈妈都不要我了，他们都离婚了！"小周"哇"的一声大哭起来，边哭边喊道。这下，我知道症结所在了，便静静地听他诉说。原来，从他进入小学，他父母几乎每天都因为孩子的各种情况吵架，后来到破口大骂，甚至砸东西。他们瞒着小周离婚一年了，最近才告诉他事实。小周非常难过，觉得父母因为他才离婚的，所以情绪低落且易怒。刚刚课堂上数学老师提醒他听课，他顶嘴，老师教育了几句，他就被"点燃"了。理顺了事情经过后，我猜想小周应该很渴望得到父母的关爱，于是我劝说道："小周啊，你的心情我很能理解，我知道你很难过。但是，如果你不控制自己的情绪，与同学和老师产生越来越多的矛盾，那你爸爸妈妈不就更容易争吵了吗？我知道你肯定想让爸爸妈妈和好，但只有你表现好了，才可以看到爸爸妈妈不吵架呀，你说是不是？"小周有点儿委屈地说："他们不可能和好了，我也控制不了我的情绪。""不试试怎么知道呢？哪能没尝试过就直接放弃？你可以换种方式去引起你父母的关注，而不是总等老师请你父母来谈话。平时表现好一点儿，及时控制自己的情绪，一想要说不好的话你就捂住嘴。只要你各方面都表现好了，我就分别告诉你的爸爸和妈妈，让他们高兴一下，说不定时间久了，他们的关系可以缓和呢？"我趁热打铁道。听了我的话，小周沉默了。我赶紧又说道："你看啊，这节课都快下课了，李老师穿着这么高的鞋子陪你蹲了这么久，腿都麻了，你也心疼一下老师，我们一起站起来，好不好？你顺便去厕所洗洗脸吧！"他乖乖站起来，然后走向厕所。

小周的问题源于家庭不和谐，但是小周父母的关系我无权也无法去干涉，所以我把今天的事分别和小周的父母说了，并且告诉他们，如果想要孩子改变现状，首先得让孩子换种方式去上课以及和同学交往。我还建议小周的父母不在孩子面前说不好的话，给他一个良好的家庭氛围，让他维持较好的心情，这样他才能在学校认真上课，与同学和谐相处。小周的父母都认可我的建议，表示愿意尝试去改变与孩子相处的方式，尽管他们已经离婚了，但是也要让孩子快乐成长。

【教育效果】

第二天，小周的爸爸带着小周去向数学老师道歉，经过一晚上父子谈心后，小周已经不再情绪激动了，并向老师保证一定会认真上课。每天早上我到教室，一定会拍拍小周，用眼神示意他，他也会心领神会，知道自己今天要控制情绪。课间看到小周时，我也会假装不经意地问问他今天哪里表现好，一旦他有一点儿小进步，如和组员相处愉快、作业被表扬等，我就会及时分别反馈给他的父母。我还从小周那里打听到，不管是在爸爸家还是在妈妈家，他都没有再听到什么不好听的话，还和他们相处得很愉快。

日子就这样一天天过去了，小周的父母也许并没有如孩子期望的那样和好，但是小周也意识到了一点：一味地用不好的表现博得父母的关注是无法改变现状的，想要收获更多的关爱，受到更少的批评，就需要在学校里控制情绪，表现得好一点儿。当然，小周偶尔还是会情绪失控，但是已经没有影响课堂或者随便踢打同学的行为了。听说小周现在到了初一，因为自律能力变强，他的成绩也越来越好了。

【总结反思】

产生单亲家庭的原因有很多种，这些是我们作为教师所无法改变的。我们可以帮助学生分析生活和学习中出现的心理障碍，进行疏导，同时联合家长一起清除家庭阴影，从而培养学生健康的心态，改变学生不良的习惯。单亲家庭的学生有更强烈的自尊心，一点点小事就能刺激到他们。所以，在学生情绪激动的时候，老师可以试着用平行视角去和学生沟通，也许会获得事半功倍的效果。老师可以去创设更适合他们的成长环境，帮助他们发掘自身的优点，鼓励其他学生多与他们交往，建议其他科任老师一起给予他们更多关爱，让他们感受到学校的温暖。

利用学生资源，激发后进生的内在动力

——帮助小叶成功的案例

深圳市福田区实验教育集团侨香学校　杨　静

【教育背景】

后进生是一个班级的组成部分，后进生转化教育是班主任工作的一项重要内容。对于转化后进生，班主任真是"八仙过海——各显神通"。转化后进生仅仅靠班主任和几位科任教师是远远不够的，我们应该相信学生、发动学生，利用学生资源，激发后进生的内在动力，助推后进生成功。

【事例重现】

（一）初识小叶

2017年秋季开学前一天的上午，四年级办公室里坐着一个男生和他的爸爸。我观察起这个学生来：这个男生的个子高于同年级的学生，浓眉大眼，面带笑容，笑容里显出几分羞涩，这个男生在这个陌生的环境里一点儿都不觉得拘束。他的爸爸在和年级组长张老师谈话。我从他们的谈话中了解到，这个男生是想在我校读书，他已经上过四年级了，想留一级，可在我校组织的插班生考试中，他三科总分只考了9分。这么差的成绩，实在是让人难以接受！当时，张老师很是为难，分到哪个班呢？孩子的爸爸一再保证孩子一定会努力跟上去。这时，这个男生也走到张老师面前，操着一口生硬的普通话，充满自信地说道："张老师，请您放心，我一定不会拖班级的后腿！"看到此情景，我一下子喜欢上了这个自信的男生，凭我的经验，我认定这个男生会说话算话。我很想尝试一下，运用成功教育的理念来帮助这个孩子。于是，我壮着胆子，向张老师主动请缨，收下了这个男生，并得知他叫小叶。当时，他们父子俩非常高兴。他爸爸向我详细介绍了他的情况：家里条件差，他们一直把孩子放在老家一个师资条件很差的学校读书，当地的老师用家乡话讲课，奶奶年纪也大了，倒是小叶照顾奶奶多一些。在来深圳前，孩子还不会讲普通话，一个暑假都在跟着弟弟努力学讲普通话，现在能勉强用普通话与他人交流。小叶给我留下的第一印象是自信、单纯、孝顺。我坚信这个孩子有救，一定不会掉队！

（二）帮助小叶

怎样帮助小叶？对于这个问题我深思熟虑过，并和几位班干部一起列出了帮扶计划：①利用课余时间给他补课；②他个子高，给他一个班干部当；③发挥其他学生的作用。

计划定下来后，我一一落实，过程很艰辛，但收获很大。由于小叶比其他学生大两三岁，个子也高出很多，声音也有了变化，其他学生难免会对他产生好奇，这对他有影响。于是，我们俩统一了口径，暂时不把这些情况告诉其他学生。在迎接新同学的仪式上，我隆重介绍了他。他的发言字音不准，但很真诚，给同学们留下了很深的印象。当时，他发言的大致内容是说他的基础较差，希望同学们多帮助他。他还说自己很爱劳动，力气也很大，以后会多为班级服务。我趁热打铁，问学生，谁愿意帮助他补课。同学们可热情了！在大家的推荐下，由李家钰同学帮他补语文，美穗同学帮他补英语，李维同学帮他补数学。9月1日下午，补课行动开始了，三位"小老师"还拟订了补课计划。通过和同学们的几天相处，他的单纯与真诚打动了老师和同学们，在第一次班干部选拔班会上，他被大家选为劳动委员。做了一个学期后，大家发现他家离学校比较远，他有时自己坐车回家，就将他改选为生活委员。不管做什么，他都做得有条有理，让老师放心。

帮助他补课，真的好难！他没学过英语，得从音标开始教起。当时，蒋老师教三个班的英语，根本挤不出太多的时间来，给他补英语的任务就落在美穗和几个英语优等生身上了。他语文课文读不通，写作文没有标点，作文内容写得多，但没有一句念得通。记得他第一次上交的日记里，200多个字，错了30个，全文只有3个句号，句子根本读不通，但大致意思我读明白了，日记写的是在公交车上给一位老奶奶让座的事。我读了一肚子气，当时就把他叫到办公室来。这个孩子让我不忍心批评，因为他总是笑眯眯的，让人生不起气来。我看到他的笑脸，气也消了一半，我故意调侃他："小叶，你奶奶有几条腿呀？"他的脸色立刻严肃起来，不理我。我立刻意识到自己伤害了他，他和奶奶可是一起生活了13年啊！我马上跟他道歉，指出"奶奶"的"奶"字，右边不是"及"，他这才明白我的意思，又笑眯眯的了。这个孩子此后再没写错这个字。

我帮助他的热情曾经面临着严峻的考验。我想过放弃，但一看到他那充满求知欲的眼睛，想要放弃的念头便会戛然而止。为了激励几个帮助他的同学，我在班队会、晨会上大力表扬他们，并给他们发绿星作为奖励。在大家的共同努力下，小叶同学的月考成绩一次比一次有进步！特别是作文，他知道写标点了，但还是乱加标点，他的作文让人看着又好笑又生气。

在班级里，大家难免会笑话他，如普通话说不好，课堂上回答问题多数是答非所问，逗得大家大笑。不过，小叶身上有个优点，就是不怕同学笑话，越战越勇。为了保护他课堂上争问抢答的积极性，我借他不在教室的机会，跟大家商量，为了帮小叶，当他答非所问时，大家不要笑话他，要对他宽容。当然，大家可以站起来指出他的不足，真诚地帮助他，期待他有较大的进步。同学们照做了，渐渐地，他回答问题的热情更高涨了，准确性也提高了，每节课都能看见他的手举得高高的。

宽容和期待创造了奇迹！在上《鲸》这节公开课时，我设计了一个小小辩论赛的环节，辩论的主题是"如果香蜜公园改造成一个海洋公园，鲸可不可以入住"。除小叶一人持可以入住的意见外，其他同学都持反对意见。在辩论赛上，他看起来势单力薄，但他的理由最充分、最有说服力，连站在大多数人这边的我也被说服了。他专门找到一段鲸已经在一些海洋公园入住的资料，我问他在哪儿找的资料，他说，他到书店去查了有关书籍，那晚，他因回家晚还挨了爸爸的一顿打。我问他值得吗，他毫不犹豫地说："当然值得！"利用晨会时间，我在班里大力地表扬他："小叶敢于坚持自己的观点，并收集有关资料说服大家，这种敢于探索、追根究底的精神值得我们学习，现在他可是我们学校的名人了，听课的校长和老师都认识他，并十分欣赏他的勇气与探索精神。我们为他鼓掌！"从此以后，他真的把自己当作学校的名人了，学习更加努力了，对自己的要求更高了，特别喜欢请教老师和同学了。他经常到我办公室来，让我给他推荐好看的书，并把自己看过的书讲给我听，还向我提问呢！我答不上来时，他那得意的一笑，让我特别有成就感！

【教育效果】

在老师和同学的帮助下，小叶不仅没有掉队，而且各科成绩位居中游，也更自信、更优秀了！他语文的预习最努力，会提前背诵要求背诵的课文段落，会提前让妈妈帮忙听写生词。最让他头痛的英语也赶上来了，上次英语单词竞赛，他拿到了90分！数学老师夸得最多的学生就是他！六年级上学期期末，他被学校评为"进步大学生"，他笑得更甜了！

【总结反思】

小叶的父母在期中考试后的家长会上发表了一段感言，他们非常感谢学校实施的成功教育，感谢老师和同学对小叶的帮助，他们没想到自己的孩子会变得这么优秀，他们希望老师和同学继续帮助小叶、鼓励小叶。是啊！一个孩子的成功离不开自己的努力，更离不开老师和同学的帮助。我们一定要充分利用班里优秀的学生资源，不断地创造机会，激发后进生的内在动力，要充分地相信学生、发动学生、利用学生，逐步培养后进生的自信心，只要有了自信，成功就不远了！

你也能做好的

深圳市福田区实验教育集团侨香学校　郑达雅

【教学背景】

在小学英语教学中，我们在每一届和每个班都会碰到一些英语学习上的学困生。以前学过的教育心理学告诉我们，学困生同样具有进取心、自尊心，渴望进步。因此，我自己心里也很清楚地知道：在英语教学中怎样做好学困生的转化工作，在英语课堂中如何在"既备教材又备学生"的基础上体现"教适应学"这一原则，是我必须认真对待和认真研究的关键问题。

【事例重现】

我们班级来了一个插班生，他是刚从老家转学过来的，以前在老家从来没有学过英语这门学科，所以他很自然地对这一陌生学科感到吃力和烦恼，再加上在老家养成的一些不良的生活和学习习惯，他很快被周围的同学厌烦，他也很不习惯他目前的学习环境，我也有点儿对这位学生感到头疼。后来，我找他谈了几次话都没有多大效果，我开始慢慢意识到自己教育的不足之处：性子太急，特别是对学困生。于是，我经常找机会在班上鼓励和表扬他，常常对他说"你也能做好的"；平时，叫他来办公室补习或者请几位英语学得好的同学轮流给他补习，利用集体力量帮助他；私下，我叫他座位周围的同学耐心地帮助他学习，给他指出缺点和优点。

英语作为语言学科，在学习上需要大量听读练习，而他学习英语很不主动，不想开口读书。他认为整天读、背、记太没有意思了，上课时注意力往往不够集中。我将教材化难为易，抓重点，希望短时间内能达成最佳效果，在课堂上尽量创造愉快的氛围。为了延长学生上课专注时间，我常结合课文内容在小故事环节做些小游戏，在教部分歌曲时，让唱得好的和唱得差的学生一起唱歌，有时在复习课上给学生讲些有趣的小英语故事，等等。这个插班生由于羞怯心理往往怕开口，我尽量用难易适度的问题提问他，跟他说"Come on，you can do it."（你也能做好的），或叫他到黑板上写他自己有把握的句子。有时候，他的字写得很潦草，我就叫字写得好的同学上来给他纠正；有时叫他朗读简单的章节，当他回答正确或者表现不错的时候，我总是面带笑容地对他说"Very good！"，还给他比别人多一个红花。我发觉他往往因为得到老师的奖励而激动，慢慢地，他开口的习惯养成了。

【教育效果】

一学期下来，他参与课堂的意识大大增强，消除了以往的畏惧心理。慢慢地，他也适应了这个新环境，很好地和周围同学相处。可喜的是，他的英语成绩也渐渐提高，并且对英语产生了浓厚的兴趣。为此，我心里暗暗感到欣慰。

【总结反思】

我觉得，我目前工作的难题是在班级里采用什么教育方式才能正确引导学困生，以及英语课应采用什么样的教学模式和形式，尤其是在新课程标准下，在英语教学中做好学困生的转化工作，在英语课堂中"既备教材又备学生"的基础上体现"教适应学"，都是极其重要的。我归纳了一下，应注意以下三点：

第一，寻找学困生身上的"闪光点"，常跟他们说"你也能做好的"，多表扬鼓励他们，增强他们的上进心，这对他们的学习起着很重要的作用。他们毕竟只是九到十岁的小孩子，教师一个宽容的微笑、一句体贴的话语、一个会意的眼神、一个轻微的触摸都会让他们产生巨大的学习动力。

第二，学生的学习反应积极和课堂氛围好是决定一节课成功的关键，特别重要的一点是，活跃课堂气氛能激起学困生的学习兴趣。因此，教师不仅要有意识地让学生以"自主"学习的方式学会用英语表达自己的思想，做到学以致用；还要保持良好的课堂氛围，调节学困生的情绪，让学困生在和谐轻松的气氛中学习，让整个班集体能够一起进步。

第三，帮助和引导学困生养成良好的英语学习习惯，要求学困生大量地、反复地模仿，坚持听读，让他们在不知不觉中养成良好的听读英语的学习习惯。

我认为"有教无类"这一句教育格言不愧为千古名言。我们要努力做到师生间良好的教学互动，确保教与学的有效结合，确保教学效果显著。总之，掌握学困生的心理，以真诚的爱唤起学困生的共鸣，达到让他们自己想学的目的，这是每个教育工作者应尽的责任。

为你撑起更大的天空

深圳市福田区实验教育集团侨香学校　冯婉露

【教育背景】

近年来，单亲家庭的孩子在在校生中的比重逐年上升，单亲家庭孩子的教育问题早已不是一个陌生的课题。孩子需要更多的爱与呵护，这种爱与呵护不仅来自学校，更来自父母。离异后父母关系的相对和谐能够减少因双方分离而对孩子产生的伤害，相反，父母不理性甚至极端的行为则会加重对孩子的伤害，这种伤害往往会造成孩子的心理和行为问题。因而，对离异家庭孩子的关注需要延伸到对父母双方的关注，只有关注到根源，才能从根本上解决因离异引发的一系列问题。

【事例重现】

七年级下学期，我被学校安排接任班主任，我所接任班级的学习成绩在年级名列前茅，学生和家长对前任班主任的信任度非常高，所以，在接班初期，孩子和家长对我的态度是审视和带有一些抵触的。面对所有"后妈"都会遇到的情况，我也急不得，只能尽力了解每个孩子，争取早日走进他们心里。很快，就有一个男孩引起了我的注意，他就是小明。小明是班里个子最矮的男生，但是说话做事很稳重，成绩也不错。但从我接班开始，他就经常在早上请假，他妈妈发给我的请假信息语气生硬，数次表达对作业过多导致孩子休息时间太晚的不满。但是当我仔细询问过孩子后，发现孩子完成作业的时间正常，每天早上醒来的时间也很早，可是妈妈坚决不允许孩子起床，要求他必须在床上躺到自己规定的时间才能来上学。满心疑惑的我想就这个情况与她沟通，但没想到她在电话那头歇斯底里地对我怒吼，责问我为什么要逼迫孩子，并且威胁要投诉我。我克制住自己的情绪请她来学校与我面谈，并承诺如果我解决不了孩子的问题，就由我亲自带她去见校长，接受她的投诉，她这才答应当面沟通。

从前任班主任那里，我了解到小明家庭的特殊性。小明的爸爸生意做得很大，妈妈只是一名普通的家庭妇女，随着小明爸爸事业的发展，双方的隔阂与矛盾日益加深，几乎无法正常沟通，于是离异，但消息对小明和家族封锁。小明平常由妈妈照顾，周末才和爸爸见面，夫妻二人的沟通也仅限于孩子的教育问题，但就是为数不多的沟通也往往以争吵结束。在这种家庭环境下成长的小明实际上对父母的关系隐隐约约是有感觉的，因而他平时很沉默，自傲的外表下其实非常自卑。了解到这些情况后，我便理解了小明妈妈的状态，这是一个全身心投入家庭却在亲密关系中受挫的女人，儿子现在就是她的全部，她十分紧张小明的作息时间，加上对我不够了解和信任，所以沟通时才那么剑拔弩张。

为了消除她的敌意，在见面之前，我早早地给她发了信息，提醒她来校时记得将电话给门岗，我和门岗说明后她才能进校，她的回复一下子客气了许多。一见面，我先握住了她的手，表达了自己先前电话沟通时因措辞不当可能引发误解的歉意，她更不好意思了，连连就自己的态度道歉。这是我们的第一次见面，虽然时间不长，但是聊得非常顺利，这次见面初步建立了她对我的信任，因为，她能感觉到我对她的尊重，以及对她孩子的关心。小明的作息问题很快便解决了，他再也没有请过假。

但是不久后的一天，我又接到了家委的投诉，原来，小明的妈妈给所有家委发信息，指责他们不作为。了解实情后，我才知道小明的爸爸和妈妈曾经在家长群里吵架，妈妈一气之下退群，之后所有的信息均由小明爸爸转发给她，小明爸爸又很忙，总是忘记转发，导致很多通知都无法及时传递，一出现这种情况两人就吵架，这次小明妈妈更是将这股怨气发泄到家委身上。这两件事都在班内引起轩然大波，第二天，小明看我的眼神都是闪躲的，我隐约觉得孩子已经知道了什么。这次我约了小明的父母双方进行面谈，将小明这段时间的进步和得知此事后小明的紧张情绪告知了二人，并诚恳地提出建议，即不管双方有什么矛盾，在涉及孩子的问题上都必须努力控制自己的情绪，即使有分歧，也必须避开孩子，不能迁怒于班级任何成员，否则这对于即将步入青春期的孩子来说会极其伤害他们的自尊心。这次面谈的效果非常好，尽管他们仍有矛盾，小明妈妈也向我私下倾诉过自己内心的痛苦，但频率明显减少。在保护小明家庭隐私的前提下，我向家委提出了关于对待小明妈妈的几点希望，大家也表示能够理解，对她的态度也缓和了很多。小明妈妈与我的沟通变得越来越好，慢慢地，在小明教育问题上，我也成了她最信任的人。

【教育效果】

家校关系的缓和带来的是小明妈妈精神状态的转变，随之带来的是小明情绪的稳定。小明再也不用担心家庭矛盾在班集体引起波澜，再也不用担心同学用异样的眼光看他了。他也开始变得开朗，更愿意和老师、同学沟通了，自信的一面开始展现。在小明爸爸控制自己的情绪后，小明对他开始从无话可说走向亲近。离异家庭中的三个人之间的关系都发生了很大改变，这种改变最大的受益人就是小明，他的人际交往和学习都有了进步。小明在不久后坦然接受了父母离异的事实，在我们的共同关注下情绪十分稳定。

【总结反思】

离异家庭对孩子产生的影响是无法避免的，但如何将不良影响降到最低是学校和父母双方都必须关注的问题。离异后，父母双方如果能够就孩子的问题保持理性沟通，对孩子来说是最好的，因而，学校在关注离异家庭孩子的心理健康问题上，不仅要针对孩子，更要想办法促成孩子父母双方的理性沟通，只有双管齐下，才能真正解决问题。在小明的家庭中，小明的妈妈因夫妻感情破裂，将内心的紧张和敌对情绪带入了小明的学校生活，因而，在同小明妈妈的沟通中，充分尊重、共情和对孩子足够关注是关键。班主任在沟通前期尚不足以了解事情原委的情况下，就需要提醒自己对异常事件克制情绪，告诉自己所有异常的背后一定有特殊的原因，只有这样才能从学校教育的角度真正推动问题的解决。

消失的"爆炸声"

深圳市福田区实验教育集团侨香学校　程　瑶

【教育背景】

在送走了一届毕业生后，我今年又接了一个一年级班级。一年级的孩子新入小学，自然有很多规范需要遵守，有很多行为习惯需要养成。在这五十多个气质类型各不相同、活泼单纯的孩子当中，一个叫妞妞的小女孩，很快就凸显了她的特别，吸引了老师的全部注意力。她毫不敬畏规则的行为、特别大的情绪和她随时"爆炸"的哭声，让老师简直无法正常开展教学工作！那么，她的种种表现到底是什么原因造成的呢？

【事例重现】

第一回合。在开学前的入学教育中，我正在训练学生排队，给五十多个孩子安排学号。经过一次次反复训练，即将大功告成的时候，我无意中发现教室里竟然还有个小女孩。我简直不敢相信自己的眼睛，只见她悠闲地在教室里到处溜达翻看，毫无顾忌！我赶快唤她出来排队，但她仿佛没有听见，毫无反应，依旧我行我素。为了全班孩子的正常秩序，我也就顾不上她了。放学后，我把那个孩子的父母叫到一边，述说孩子的情况。但家长说，孩子之前的表现都很正常！第一回合，我败了，而且心生无限困惑！

第二回合。这个妞妞，在开学接下来的一段时间里，仍然不排队，不愿出来做操，上课不听讲，随意离开座位，无视班级纪律。我以为她只是如此而已，慢慢就规范了。但没想到惨痛的事件即将发生，"啊啊啊，呜呜呜"，走廊和教室里不断传来仿佛"爆炸"的哭声，是的，哭的就是妞妞！"他们说我的娃娃丑""他说我不是班长"，妞妞先是站着哭，哭着哭着坐在地上，然后躺着哭！课堂上哭，来到走廊继续哭，哭声震天，怒气冲天，好像全世界都得罪了她！她从下午四点哭到六点，谁说都没用，她好像愤怒到即将"爆炸"，握拳，跺脚，挤眼，皱眉，号啕大哭！数学、英语、体育、音乐等科任教师纷纷投诉，有这个哭声"炸弹"，课根本没法儿上。我与孩子的妈妈多次沟通，了解这个孩子的情况。得到的答案是，孩子在家里情绪很正常，很懂道理，守约定，之前在幼儿园很乖，老师都很喜欢她！第二回合，我又败了，而且非常崩溃！

第三回合。某天中午，我还未踏进教室，已经听到哭声，"炸弹"又"炸"了。其他孩子都在午间读书，而妞妞站在一名学生旁边边哭边喊。无视课堂，无视老师，无视同学，她的心中只有怒火、委屈、不满，情绪的洪水又一次淹没了她和我们全班！课根本没法上儿了。于是我立即发信息请家长来学校和孩子一起探讨并解决问题，但家长一听要来学校，马上就说孩子会被他人嘲笑，不能给孩子贴标签，等等，誓要与"伤天害理"的学校和老师斗争到底！第三回合，我败了，而且心痛！

第四回合。经过打电话与家长长时间沟通，家长也终于意识到老师为孩子今后成长考虑的良苦用心，我也承诺会非常专业地保护孩子的隐私及自尊，妞妞的妈妈在孩子们都放学后按时来到学校，我和妞妞及家长进行了较深入而全面的交谈。

我在和妞妞交谈以后，又和她的妈妈进行了非常深入的沟通，发现在妞妞的成长过程中，有以下因素对孩子目前的行为造成了影响：一是自孩子出生至今，爷爷奶奶、外公外婆每半年的轮换照看使孩子产生了不安感，这个不安感是有滞后反应的；二是教育由妈妈主导的模式导致爸爸的教育责任缺失，而爸爸在孩子，特别是女孩子的成长过程中占据重要位置；三是幼儿园期间对规则意识培养的漠视导致了孩子规则意识的缺乏，过度的关注和爱护形成了孩子以哭闹赢得关注和爱护的路径依赖；四是父母是孩子的一面镜子，大人处理情绪的方式会直接影响到孩子处理情绪的方式，讲道理不是最好的方式，只有对孩子的情绪进行理解和接纳才能更好地缓解孩子的情绪，避免其情绪的积累以及爆发。我最后也给妞妞的父母提出了在孩子养育过程中要"温和而坚定"的建议。

妞妞的妈妈听了以后深有感触，明白了每个孩子都是一张白纸，所有的行为习惯均有出处和原因，找到养成不良行为习惯的原因并解决它对孩子今后的成长是大有裨益的。妞妞的妈妈和我约定了以下几点：一是让爸爸参与到孩子的教育过程中，和妈妈一起承担教育职责，保持教育理念上的一致；二是在孩子下一次发脾气哭闹时，试着理解并接受孩子的情绪，抱抱她，缓解并接纳她的情绪；三是试着控制自己的情绪，在自己情绪失控的时候先离开孩子进行调整；四是在家里建立规则意识，对于能做的和不能做的事情要边界清晰，不能做的事情坚决不做。我们约定，两个星期后，我会和妈妈沟通妞妞在学校的表现，看看在做到这几点以后，妞妞的行为是否有所改变。这一回合，我终于看到了曙光！

【教育效果】

我们按照约定，每两周反馈一次，沟通一次，并相约持续关注、跟踪。在第四回合之后，渐渐地，走廊和教室里再也听不到好似"爆炸"的号啕大哭声，"爆炸声"就这样消失了，就是这么神奇！虽然妞妞还经常会发怒，握紧拳头，皱皱鼻子，课堂上也会不听讲，不按时完成课堂作业，但是再也没有那号啕式的"爆炸"声了！

【总结反思】

家庭教育在孩子的教育中占百分之七十以上的比重，孩子是树，家庭如根，只有家长的认知改变了、行为改变了，家庭关系改变了，孩子才会改变。在家庭环境中，父母对孩子有着至关重要的作用，孩子大多没有问题，问题基本在于家长和家庭。但遗憾的是，很多家长并没有意识到问题所在，而是一直困惑：我的孩子为什么会是这样的呢？

一个胆小的"完美"女孩

深圳市福田实验教育集团侨香学校　杨小丽

【教育背景】

小学阶段，特别是低年段，孩子年龄小，对自我的认识还不够全面、不够客观，由此容易导致自我认识的偏差，从而产生自卑、好强或情绪失控且不懂如何管理情绪等问题。当孩子遇到问题而产生畏缩、发脾气、逃避等比较极端的行为时，老师应该给予其更多的关注和耐心，本着让孩子健康成长的深沉之爱，与家长做好沟通并取得有效的配合，把更多的精力投入到关注孩子人格的完善上，帮助孩子增强应对心理困扰的能力，发挥其自身的积极力量。

【事例重现】

（一）初次相见

接手现在这个班是在两年前的一年级下学期，在众多稚嫩可爱的面孔中有一个叫朵儿（化名）的小女孩，她胖嘟嘟可爱的小脸蛋上却常常挂着不开心的表情，还有，她的异常胆怯更是引起了我的注意。他人眼里的我，是位温柔亲切的老师，不少孩子下课都喜欢跑到我的跟前抱抱我、说说话，但这些并没有拉近我与朵儿的距离。有好几次，她不是躲在窗帘背后就是钻到桌子底下，任凭我如何亲切地呼唤，都无法让她在短时间里出来。第一次碰见这种情形时，周围的孩子都仿佛安慰我似的地说："老师，她只要不高兴了就这样，以前也是。"其他孩子见怪不怪，各自玩去了。也有个别孩子出于好奇或关心，靠近跟她说话，但不是被咬就是被吓走。那时，我还无法叫动她来单独跟我交谈，还无法走进她的世界，只好暂且静静关注着她的表现。

（二）比赛风波

学校语文周，其中有一个活动是每班举行一次童谣朗诵比赛。第一轮是海选，我要求每个孩子录制视频或音频，把朗诵作品发到班级的朗读群里。在众多的作品中，我发现《雪地里的小画家》朗诵得特别有感情，声音纯净又稚嫩，挺打动人的，而这个朗诵者就是朵儿。一个想法立刻涌上来：朵儿平时给人留下胆小、不自信的印象，何不趁此机会，让她上台锻炼一下，把她这么打动人的朗诵才能展示给大家，说不定孩子会很珍惜这样的机会，然后好好准备，最后在大家的掌声中获得成功的喜悦，就会对自己越来越自信了！想到这，我激动起来，毫不犹豫地在决赛名单里写上了朵儿的名字。

比赛那天到了，一个个孩子上台朗诵了自己的作品。轮到朵儿的时候，她望了望我，我立马给予她鼓励的笑容。然后她慢慢离开座位，有点犹豫地往讲台上走。看得出来，她内心是挣扎的，但她最终还是站到了讲台上。台下突然响起了孩子们热烈的掌声。就在我满怀期待的时候，却发生了意外的一幕。朵儿站在讲台上，朝台下望了望，欲言又止。突然，她蹲了下去，躲在了讲台的桌子下方。我赶紧过去鼓励她："朵儿，加油。勇敢一点，你可以的，我们可以等你！"听到我的鼓励，其他孩子也自发地给朵儿鼓掌加油。没想到，这样鼓励的气氛还是不能让朵儿重新站起来。直到我宣布："朵儿还没准备好，相信下一次她一定可以战胜自己。"话音刚落，她就一溜烟跑回到了座位上，并且继续把自己藏在桌子下。当时的我面对这样的情况，好一会儿没回过神来，内心里百般不是滋味。我以为这是一次给朵儿准备的展示自我潜能的"盛宴"，结果却让朵儿成了"盛宴"的逃兵。我的心情久久不能平静。

下班后，我立刻与朵儿的家长联系，非常迫切地想了解她成长在一个什么样的家庭，父母对孩子如此强烈的逃避态度是否有所感知。接电话的是朵儿的妈妈，从她说话中可以听出她是个善于表达又有教养的人。我先了解了朵儿在家的总体表现，然后把朵儿在校的表现以及这次朗诵比赛的表现反映给她，想听听妈妈如何看待。她告诉我，由于平时自己工作忙，爸爸也忙得无暇顾及，孩子主要是由家里老人帮忙照顾。朵儿个性敏感又好强，在公共场合害怕被嘲笑。这次朗诵她估计是怕被同学笑，最后采取了逃避的方式。她的语气里还带了点自责和焦虑，说自己是个比较急躁的人，平时对孩子也非常严格。孩子这样，她也很焦急。从这次谈话中，我大概明白了朵儿出现问题的原因。用一句常用的话来说就是：孩子的大部分问题其实是父母或家庭教育的折射。

（三）变本加厉

经过那次沟通后，我对朵儿倾注了更多的关注和呵护。她跟我的距离似乎拉近了一些，单独与她谈话变得没有那么艰难。在与她的交流中，我一般问她平时喜欢做什么，最近发生了什么有趣的事情等轻松的话题。朵儿渐渐地放松了自己，可以平静地和我聊几句了。同时，我鼓励她要勇敢，相信自己可以做好，哪怕出现错误也没有关系，没有人是完美无缺的。除了在谈话中给予她鼓励之外，在课堂上若发现朵儿的优点我会及时进行表扬，以此来增强她的自信心。

有好一阵子，朵儿似乎变得开朗了一些，但接下来发生的一件又一件的事情，让我发现朵儿的问题没那么简单。她的数学考试没考好，同学出于关心去问她反被她咬；语文词语听写时，她听到不会写的词语，就生气地蹲到桌子底下，要是检测答案错了一个字，看到卷子那刻立马钻到桌子下；听到同学对她不好的声音立马露出怒容或者丢东西；几乎所有的科任教师都跟我反映过她在课堂上的"怪异"行为……

直到那次，我陷入了从未有过的教育困境中。那天上写话课，当到了练习环节时，我把先写好的孩子的作品放到投影仪上展示，请其他同学进行点评或建议。那时陆陆续续展示了大概五个孩子的写话内容，其他同学进行了点评或提出了建议。这是课堂上常见且比较有效的写话教学。当朵儿举着本子示意写完了的时候，看到她自信的样子，我赶紧把她的本子放到投影处，向大家读了她写的内容。还没读完，朵儿在座位上突然大叫："拿下来！"我非常惊讶，不知道发生了什么。座位上有声音在说:"她发现有错字了。"我往下看,原来真的是有一个错别字!然后朵儿就蹲到桌子下方去了。尽管我说:"刚才展示的几位同学的写话也都有问题,我们刚刚学写留言条,出现错误是很正常的,大家给我们指出意见或建议,也是在帮助我们写得更好。"我如此替朵儿"圆场",但没有用,她依然蹲在桌子下直到放学。此刻,作为朵儿的班主任,我的心情五味杂陈,我担心这颗仿佛定时炸弹般的孩子会磨掉我的耐性。但是理智告诉我,这只是一个七八岁的孩子,她需要帮助,需要重新去认识自己,我不能放弃她……

(四)合力解决

从朵儿一系列的表现,我可以看出她是一个非常好强、爱面子的孩子,但由于自身的原因,又难免常常出现错误或者被老师提醒。她心思敏感,害怕被其他同学笑话,因此会出现类似"鸵鸟心态"的蹲桌底等行为。这些表现其实也反映了朵儿不能正确认识自己、不懂得如何去处理自己的情绪等一系列问题。

那么,作为老师,特别是班主任,我接下来该如何去帮助朵儿呢?首先,朵儿出现这些问题的根源还是来自家庭。因此,我与家长沟通得比较密切,在取得家长重视和配合的前提下,我对朵儿在学校的表现进行持续关注。同时,家长也在一边反思一边调整自己的教育方式。朵儿妈妈是个完美主义者,对朵儿的要求太高,多少造成了孩子的压力,当她做不到时妈妈就很容易急躁发怒,而当朵儿情绪失控时又只能采取逃避等方式去面对。家长能认识到问题的根源,愿意去调整,愿意配合老师,这是增强孩子应对心理困扰能力的最有力的帮助。

除了做好家校合作,我在朵儿的问题上还得拿捏有度。当她出现情绪失控并躲在桌底下时,先冷处理,让她静静地待在"安全岛"。以前,我不能接受她面对问题的这种方式,这很容易造成师生之间的冲突,不利于问题的解决。现在,我慢慢地接纳了孩子这样的方式,如果她觉得这样感觉好一些,在不干扰到其他人的前提下,就暂且让她安静待会儿吧。很多时候要靠朵儿自己慢慢跳脱出来,过后我再找个合适的时机找她聊,帮她梳理事情的过程,让她自己慢慢去发现问题,找到更好的解决办法。这样几次后,我发现朵儿对自己情绪的管理好了很多,同学和科任教师的反映也越来越少了。

　　我对朵儿的关注不仅仅停留在问题的发现和解决上，还用了更多的精力帮助她完善人格，让她学会正确认识自己和他人，不断地从美德和积极品质方面去发掘她自身具有的优势与潜能，用欣赏的眼光帮助她获得或激发积极的力量，从而去克服困难。

　　利用班会课，我举行了"比比谁发现同学优点多"的活动，让大家明白人无完人，尺有所短、寸有所长的道理。我和朵儿还达成了私下的约定，当她遇到错误或困难没有情绪失控时，就奖励她画一朵花儿（自制花朵涂色纸），累积到五朵就可以获得另一个奖励。她喜欢阅读有关猫的故事，所以我就奖励她课间来我办公室读有关猫的绘本故事，有时还找一些跟情绪有关的书给她看。通过活动体验和阅读等去帮助孩子认识到生活中可能发生的各种挫折，面对挫折可能产生的各种不良情绪，以及应以乐观积极的心态对待不如意，让学生学会各种对付负面情绪的方法。

【教育效果】

　　现在，朵儿已经三年级了，她开始学会接纳自我的不完美，对于挫折或批评时也能更坦然地面对了。在学校里，我们还经常能够看到她精彩的表现：课堂上自信的朗读、有见地的发言，作业本上工整有劲道的字体，小组合作学习时的配合，舞台上优美的舞姿……

【总结反思】

　　虽然朵儿偶尔还会出现情绪没控制住的情况，但只要本着帮助孩子健康成长的关爱，给予她足够的耐心和陪伴，用积极的心态去引导和帮助她，相信不久的将来，朵儿一定会成为既自信勇敢又能坦然应对各种困难和挫折的女孩。

学优生的烦恼

深圳福田区实验教育集团侨香学校　曹晓妮

【教育背景】

在日常德育工作中，班主任往往为了转化班上后进生投入了大量的时间和精力，而学优生则因为学习自觉性强、遵章守纪而较少受到关注。学优生一方面享受着成绩好、表现好带来的优越感，另一方面却承受着比普通学生更大的心理压力。一旦出现大的挫折失败，学优生脆弱的心理防线就容易崩溃，从而产生自卑、厌学、逃避等心理问题。此时，教师和家长只有正确引导他们，才能帮助他们重振信心、迎接挑战。

【事例重现】

开学第二周，我突然收到了家长的求救电话："曹老师，请您在微信上和小羽谈谈吧，他无论如何也不愿意去上学了。"我班的小羽同学已经请假两天了，家长一直说是生病，没想到实际上是孩子不愿上学。这让我不禁惊讶起来，因为我很难把开朗、优秀的小羽和逃学联系起来。

初一入学，小羽就吸引了我的注意。他的整个人是如此的青春鲜活，明亮的眼睛上面架着一副大大的眼镜，圆圆的脸上长着一张爱说爱笑的嘴巴。他的性格坦率直爽，因此朋友很多，成绩也一直名列前茅，还被选为班长。小羽对自己要求很高，一直把考重点高中作为自己的奋斗目标。这样的小羽，怎么会逃学呢？我当机立断地跟小羽的妈妈说："请转告小羽，就说按照学校的规定，班主任只能批两天的假，超过两天就需要拿着医院的病假证明到教学处请假，不然就算旷课，要记处分的。"果然，在内心深处，小羽还是想考重点高中的，第二天他就灰溜溜地回来了。看着小羽的黑眼圈，我又心疼又生气，看来这两天他自己过得也很煎熬。为了不增加他的压力，我没有和他在办公室谈，而是带他到学校走廊的僻静处和他谈了整整两节课。

经过和小羽的长谈，我了解了事情的经过。原来，网课期间小羽迷上了网络游戏，一开始只是写完作业以后放松打一阵，后来发展到每天网课都偷偷挂机打游戏，作业来不及做就抄答案。原本他以为凭着之前的底子开学后还能补上来，没想到开学后一考试，排名一落千丈。他开始着急了，原本就不太擅长的数学，由于两个多月的偷懒已经跟不上了，而之前的优势学科现在也沦为了中流。更糟糕的是，他发现班上不少学生利用假期补课，现在都超过了他。小羽感到了前所未有的压力，他想要赶上来，于是每天晚上都学到三更半夜，但落后的压力让他无法集中精神，生涩的课本内容又让他望而生畏，他忍不住偷偷玩起了游戏，可是玩完游戏以后又觉得后悔。渴望、逃避、内疚这些负面的情绪让小羽的压力越来越大，他开始每晚失眠了。后来，小羽的父亲发现了他的秘密，他们之间发生了一场激烈的争吵，小羽就把自己锁在房间里，索性不来上学了。

知道了小羽的问题症结，我开始对症下药了。

第一，认清自我，重建信心。我首先肯定了他的上进心和他的学习能力，同时指出了初中环境和小学环境是不同的，无论是课程的难度还是同学的水平都较之前有很大提升，他需要重新审视自己的定位。在小学，他是小池塘里的一条大鱼，轻轻松松就能获得好成绩，而到了初中这个大池塘，他要获得同等的成绩就需要付出更多的努力，要做好吃苦打硬仗的心理准备。

第二，找出问题，集中攻破。小羽心理问题的核心是他难以处理达不到期望值而带来的挫败感，于是我和小羽一一分析了他的薄弱科目，修正学习方法，并且帮他调整了自己的短期目标，制订了一周的学习计划。同时，我让他有意识地训练自己的心理承受能力，因为成绩好的学生对自己有更高的要求，必然压力更大，这种压力是无法避免的。奥运冠军不一定是平时成绩最好的那一个，但一定是心理素质最强的那一个。

第三，家校合作，陪伴监督。我和家长一直保持着密切的沟通，小羽在家在校的情况我们总是第一时间互相通报。家长也调整了心态，不再焦虑于孩子成绩的下滑，而是多倾听孩子的心声，在他倦怠的时候及时鼓励，在他低落的时候耐心陪伴。而我也和各科教师打好了招呼，请他们在学校里多多关注小羽，看到他取得进步就及时鼓励和表扬他，看到他状态不对就及时和家长联系。

【教育效果】

经过一个多月的努力，小羽的各科成绩慢慢赶上来了，开朗的笑容又回到了他的脸上。虽然他还是会在周末的时候打打游戏，但现在他已经能够控制好时间了。最让他开心的是，这次数学考试他进步很大，老师在班上好好表扬了他。小羽还是有学习压力，但他已经在学习如何和压力相处并把压力转化为动力了。

【总结反思】

以往班主任对于学优生的成绩关注有余，心理健康关注不足，学校的德育工作也往往侧重于对孩子行为问题的纠正。但从过往的工作经验和新闻中关于学优生轻生的现象来看，这个群体存在着诸多的心理问题。教师应该摆脱对学优生"一好百好"的刻板印象，在德育工作中有意识地进行挫折教育、生命教育、人际关系教育和考试心理教育等指导，只有通过科任教师和家长配合，密切关注他们的心理健康，才能更好地把他们培养成身心健康的国之栋梁。

在"赢得"与"赢了"之间
与学生建立情感连接

深圳市福田区实验教育集团侨香学校　李丽燕

【教育背景】

作为一名刚毕业的新手老师兼班主任，我常常有很多担忧，经常在想"学生不听话怎么办？""新老师被学生欺负怎么办？"……我渴望尽快建立自己的威信。而初中生正值青春叛逆期，开始学会独立思考，对一些事物有自己独特的见解，不愿听从老师和家长的"命令"，甚至与"规章制度"对抗。

【事例重现】

小鹏是一个让我感到头疼的孩子，他的成绩在班级名列前茅，为人幽默，人缘很好，但他也是个不折不扣的"小刺头"，性格有些浮躁傲慢，经常不戴红领巾，校服不按要求扣扣子，自习课爱讲话，上课也总喜欢抢话、跟老师"抬杠"，以此来表现自己。他的种种不良的习惯经常导致小组被扣分、班级被扣分。一开始，我会苦口婆心地跟他说："你成绩这么好，如果行为习惯能有进步就更好了。"我还从个人形象、集体利益等方面跟他讲了很多道理，甚至安排他当班干部，希望他能提高对自己的要求，树立好榜样。每次跟他谈完话，接下来的两天他还能"守规矩",但是很快又恢复到之前的状态,我软硬兼施都无济于事。我实在忍无可忍,索性利用班会课在全班同学面前批评他,试图通过指出他的糗事、错事来逼迫他进步。可想而知,我这个方法多么简单粗暴。自此,他更加不遵守纪律,每次看到我就像见到仇人一样,躲得远远的。我感觉自己一直在跟他做一场斗争,想赢他,想让他服从——服从集体、服从他人、服从我的要求。渐渐地,我与他的情感链接被切断了,双方站在了对立面,导致他对我产生了强烈的对抗心理。我不希望我与学生之间只剩下一堆冷冰冰的"道理",缺乏情感的流动或成为敌对关系。因此,我决定换一种方式,从其他方面寻找我们之间情感的链接。

一次偶然的机会,我看到他放学后留下来给班里同学讲数学题,第二天早读时间,我把他叫到教室外(同样没戴红领巾),还没等我开口,他说:"老师,你不用浪费时间每次都盯着我了,该扣分就扣吧。"我说:"这次找你不是批评你,昨天看到你在给同学们讲题,老师非常开心,你还是很热爱班集体的嘛!"我对他竖起了大拇指,鼓励他以后可以多多给同学们讲题。他有点意外,并且不好意思地笑着回去了。这是我跟他自从开学以来的第一次破冰,我看到了他的阳光可爱的一面。

期中考试后,一向自我感觉良好的小鹏考砸了,整个人看起来垂头丧气。我看出了他的情绪,约他自习课时间到办公室聊了一小时,陪他分析了考试的情况,制订了下一次考试的目标。我与他用拉钩的方式定下"期末考奶茶赌约",将我们的赌约写在了一张小纸条上。我希望通过这些小细节、小动作来拉近与他的关系。另外,我还赠送给他额外约定——以后可以一周来找我聊一次天。我说:"李老师愿意与你有段特别的时光。"整个谈话过程我闭口不谈他的那些"违纪",我们不再每次都围绕纪律的事互相"斗争"。

【教育效果】

一次午写时间,他塞给我一张小纸条,写着:"李老师,谢谢你愿意花很多时间来与我聊天。"我欣慰地笑了,我终于等来了这一刻。后来,他会主动来跟我分享他考试的成绩，无论是满意还是失意，在学校遇见，我们都会远远打个招呼，我们的关系变了，变得互相尊重、互相信任了，我相信这是一切美好的开始。

慢慢地，这样的时刻多了起来，"老师，我今天还是忘了戴红领巾，我先道歉。"从那之后，他偶尔还是会忘记戴红领巾，但我愿意给他更多的时间。

【总结反思】

第一次当班主任，我怀着极大的热情，我爱我的每一个学生，这是毋庸置疑的，但是如何确保学生能正确接收到我的爱的讯息？通过小鹏的故事，我似乎明白了一二：与学生相处，教师很容易对一个学生有标签化的认识，如果学生某一方面存在问题，教师很容易把焦点放在他这方面的缺点上，处处想着让学生改变。可能学生在短时间内不会犯错，教师看似赢了学生，实则学生并不是心悦诚服。不妨从其他角度着手，抓住其他机会让他们感受到我们的关爱，师生之间先建立起良好的情感链接，只有彼此有了爱与尊重，才能更好地好开展教育工作。

所谓"亲其师，信其道"，只有师生在情感上有了稳定的链接，学生才会信任老师。所以，"赢了"是斗争关系，"赢得"才是爱的关系，才是对学生的一种能量补给。希望我与学生能建立"赢得"关系来帮助他们度过青春期，"赢了"那些所谓"叛逆"带来的问题与变化。

智斗"网瘾少年"

深圳市福田区实验教育集团侨香学校　廖 乐

【教育背景】

现在很多孩子都沉迷手机等电子产品，他们花大量时间用电子产品玩游戏、看电视、追漫画、聊天等。身为未成年的初中生，他们正值青春期，往往自控力差，不服父母管教，以至于沉迷于网络而无法自拔，甚至荒废学业。其实，容易沉迷于网络的孩子大多存在缺乏良性爱好、家庭环境复杂、亲子关系差或者缺乏父母陪伴等问题。他们情感长期没有寄托，只能寄情于网络，久而久之对网络上"精彩"的世界难以自拔，成绩下滑，想努力却找不到好办法，就越发自暴自弃，进入恶性循环。想要改变这种状态，需要父母坚持不懈的耐心陪伴、老师的关爱和关注、同伴的正面影响等。

【事例重现】

初一刚开学的时候，各科老师基本都已认识小刘了。语文老师告诉我，这个孩子的语文作业几乎没有交过，不知道他的父母及家庭是什么情况；数学老师告诉我，小刘经常上课睡觉，要和他父母反馈一下，晚上早点睡；体育老师来找我，你们班这个孩子是正常孩子吧？他上体育课的时候不做操，用恶狠狠的眼神盯着我……各种反馈着实让我头疼不已，于是我把他叫到办公室问话。可以说这次谈话是我和小刘之间的第一次互相试探。因为想给他一个"下马威",我语气严厉地问道:"小刘,你上体育课的时候为什么不做操?"孩子不屑地撇了撇嘴,别过头不理我。我继续强势地训道:"上体育课不做操,还恶狠狠地盯着体育老师,一点礼貌和尊重都没有,你如果不向体育老师道歉的话,只能把你家长叫过来了。"孩子这时终于有点反应,叹了口气说:"体育老师自己说再做一遍就下课,结果说话不算话,做了一遍嫌我们做得不好又让做一遍,那我为什么还要做?"至此,我终于知道他为什么会有"恶狠狠盯着老师"这样的举动了。我回道:"做得不好当然要再做一遍了,胡乱做也能叫做操吗?体育老师的要求是要认真做一遍才下课,可你们并没有认真做啊!其他同学也是认可体育老师这种认真精神的,都继续再做一遍,可你却用凶狠的眼神盯着老师,你觉得你这样做对吗?"小刘被我一顿"义正言辞"批得说不出话,终于摇摇头说不对,愿意向体育老师道歉。我继续趁热打铁:"才开学一个月,体育课你就不好好上,语文和数学也是不交作业、上课睡觉,都说新学期新面貌,你真的想带着这副面貌开始新学期吗?"小刘咕哝了下嘴,说:"不想。"我说:"说到更要做到,希望你接下来的时候可以端正学习态度,学期末结束能给自己一份满意的答卷。"至此,我和小刘第一次互相试探,以我的强势宣告胜利。但是,事情远没有这样简单,用"权威"或"道德"压制,得到的往往都是表面的平静。

在我和小刘第一次正式谈话后的一个星期,小刘开始故技重施,上课睡觉、不交作业等毛病又开始犯了。之后的时间我们一直都在"来回过招",但这孩子见招拆招,有错认错,但就是坚决不改。有一回,小刘六科作业都没交,第二天也没来上课,原因竟然是没写完作业。异常愤怒的我罚他写600字检讨,而他最烦写作文、检讨之类的文字作业。那次小刘一直和我对峙,足足对峙了一个小时,至此他宣告"表面平静时代"结束,开启了与我对抗的局面。我第一次感受到了深深的挫败。但我知道我不能气馁,应该把小刘这种表现的真实原因找出来,要想真正帮助他,就要站在他的角度去思考,了解他的难处在哪里,让他意识到学习是自己的事,是为自己的将来努力。我需要增强学生自己的内驱力。

这一次,我把小刘的父母都约来了学校,才知道从小学开始小刘就是这种状态，妈妈管不住孩子，爸爸又长期不在家，因为长期缺乏陪伴，现在孩子也不听爸爸的话了，爸爸只能"棍棒"教育，亲子关系越发糟糕，孩子每天写作业都要写到一两点，有时早上设4点钟的闹钟爬起来继续写……听到这儿，我好像抓住了问题症结，我问孩子妈妈："小刘每天写作业到这么晚都是在认真写作业吗？"孩子妈妈回答说："应该是，我都看他一直坐在书桌前。"我问："那手机有没有在孩子手上呢？"小刘妈妈说："在孩子手里，他说要查一些单词和数学题就给他了，不给他就说作业不会写。"我问："孩子平时是不是爱玩电子游戏？"小刘父母都点点头。至此，我终于大概明白了是怎么回事，经过多番调查发现，小刘确实是一名资深游戏玩家，段位已经玩到很高。

对于这个孩子，电子产品说断就断应该不太可能，还得徐徐图之，我用"毕生之智慧和所学"想了一些办法：①首先给他换一个同桌，我观察到他平时还是比较愿意听某个"学霸"的话的，就让他和该学霸成为同桌；②在班级开展"你的青春很贵，请不要浪费"的主题班会，讨论使用电子产品的利与弊，以及平时应该如何规划好在家的业余时间；③在班级开展"学习搭档"活动，同桌互为搭档，互帮互助、共同进步；④与孩子家长保持积极沟通，反馈孩子的点滴变化，争取家长的帮助；⑤给孩子换学习环境，每天要求作业都在学校完成后再回家，期间家长也会来学校督促和帮助孩子完成作业。

【教育效果】

在家长坚持不懈的耐心陪伴和同桌良性的引导下，小刘一天天在变化，开始注重自己的学习了。天性聪明的他，学习态度转变后，数学、地理等科目成绩突飞猛进。因为作业都能在学校完成，回到家后也能尽情地用一用手机，亲子关系也逐渐修复。我抓住孩子每次点滴的进步，积极肯定他、鼓励他、相信他，初二时还任命他为班级物理科代表。他带领班级同学参加学校"投石机创作"比赛，并给班级拿回了第一名的好成绩！原先成绩垫底的小刘，也进了全年级前100名。这次，班级的科任教师再一次热烈地讨论着小刘，不再是因为他不交作业、上课睡觉，而是他阳光灿烂的笑容和他上课积极回答问题的表现。

【总结反思】

通过小刘的事例，我意识到，要想帮助学生转变学习态度，挖掘学生自己的内驱力才是最重要的。对于迷上手机游戏的学生，"简单粗暴"的方法绝对是不可行的，教师还是需要给予他们更多的关注和关爱，需要站在学生的角度去思考，了解他们的难处，让学生意识到学习是自己的事，是为自己的将来努力。当然，更重要的还是家长的积极配合以及同伴的良性影响，集多方的力量一起帮助学生建立起对学习的信心，找到学习的方法。

自信的种子萌发了

深圳市福田区实验教育集团侨香学校　林晓君

【教育背景】

青春期是人生的十字路口，孩子们的每一个决定都至关重要。偏偏这个时候的他们，是非观模糊，情绪波动大，缺乏理性思考，也缺乏对自我的正确认识。他们开始时有强烈自我表现的愿望或是把自己内心世界藏得严严实实，生怕别人"偷窥"。他们有时候妄自尊大，有时候又妄自菲薄。种种听起来匪夷所思的行为和想法，正是他们的日常。在我看来，自信心不足是当下初中生一个突出的问题，增强学生自信心是当务之急。只有拥有积极向上的乐观态度，学生才能够在这纷繁世界里走得更远、攀得更高。而我选择的方式，是陪伴和支持——陪伴他们成长，也和他们一起成长。

【事例重现】

我们班的小杨，她从小在体育和艺术方面表现出过人的优势，多次参加省、市、县举办的舞蹈比赛和桥牌比赛，均获得优异成绩，桥牌比赛更是多次获得全国一等奖的好成绩。小学阶段，由于学习科目较少，小杨一直没有感受到太多来自学习的压力。但是到了初中之后，考试科目由原来的三科变为七科，并且各科任教师多次强调中考的重要性，同学之间学习竞争也大大增强。这样的变化，小杨一下子难以适应，常常感觉来自各方面的压力压得她喘不过气。她开始出现消极情绪，感到自卑，主要表现为上课听不懂就趴下睡觉、不敢靠近成绩较好的同学、见到老师会眼神回避，出成绩了也不想看成绩，成天愁眉苦脸。

小杨的变化我看在眼里，痛在心里。一颗曾经耀眼夺目的星星，绝不能就此陨落。我竭尽全力想帮助她重拾信心，相信当她有足够的信心和勇气应对这一切时，她一定能做得很好。当她取得了一次又一次的小成功，她会对自己提出更高要求并付诸行动，从而形成良性循环。我决定陪着她克服困难。

运动会开始报名了，跳高这一项目班里没有同学愿意报名，因为大家都没有尝试过，但我鼓励小杨参加。刚开始她不同意，觉得自己不行、也不会，我告诉她："体育是你的优势项目，你在运动方面有很高的领悟能力。如果你担心自己不会，那我可以教你。大家都是从不会到会。放学后我陪你去操场练习，我们每天进步一点点就可以。如果你担心自己没有取得好成绩丢班级脸了，那你更不用担心，比起班级荣誉，我更在乎你的成长。"从第二天开始，放学后我们都下楼练习，刚开始用软绳子练，等她克服恐惧后我再给她准备体育器材。第一次尝试成功后，她开心地抱着我，那是上初中以来我见过她最开心的样子。一直到比赛前一天，她都一直在坚持练习。

比赛前一刻，小杨突然跟我说她很害怕，很想弃赛。我告诉她："只要尽力就可以，害怕是正常情绪，因为我们正在做一件挑战自我的事情，自然不会舒舒服服。可是，当你挑战成功后，你会体验到意想不到的惊喜，你一定会感谢自己的。"听完后，她点点头，依然有点焦虑，却多了几分自信，跟着我一路走到比赛场地。最后，她拿了年级跳高第二名——一个超乎她想象的成绩，却在我的意料当中。我看到领奖台上的她，笑得如此自信大方。

【教育效果】

从那以后，科任教师都很少再看到她上课趴桌子上，见到更多的是她努力听课做笔记和主动跟同学讨论问题的样子。以前从不敢站在讲台上发言的她，经过多次鼓励，也变得坦然很多。我很欣慰地看到她心中自信的种子萌芽了。

学习上，她的进步也是惊人的，从年级两百多名到后来挤进前一百名。她再也不害怕看自己成绩，还会认真分析和总结自己的问题。我也常常让小杨跟同学们分享她的学习经验，以及在家长会上分享她的故事。我希望给她提供一些尝试的机会，为她创造更多"成功"的体验。虽然接到安排的时候她还是会紧张和害怕，但是她愿意去挑战自我，我也一直相信，努力过后的结果一定不会差。

【总结反思】

教师常说要增强孩子的自信心，这光靠嘴上说说是远不够的。所有的道理他们都懂，就是难以从根本上认可，也缺乏执行力和意志力。最根本的原因我认为是缺乏体验。孩子们有时候并不知道自己奋力一搏之后会得到什么，会有什么新的感悟。教师与其说教，不如让他们真正去感受一下，通过自己的实践总结经验，慢慢明白什么是自己想要的，该怎么去做。而老师的陪伴，是对他们最大的支持。

"偷"和"被偷"都应该得到保护

深圳市福田区实验教育集团侨香学校　张静红

【教育背景】

偷拿他人东西是小学生较为常见的行为。相比成人偷窃，小学生偷窃问题的处理更为棘手，他们心智稚嫩，若处理不当，容易伤害他们幼小的心灵；若不加以教导，又容易"一犯再犯"形成偷窃陋习。

【事例重现】

小优家长跟我反映了三次孩子东西被偷的事件。第一次，我建议家长问清楚孩子（防止因孩子年龄小，表述不清楚造成误会）；第二次，我建议小优做有心人，去调查有没有人拿他东西（让孩子尝试自己解决）；第三次，我意识到班里有孩子正在形成坏习惯，需要老师帮助了。

第一步，保护性询问

经过调查，我发现小优的同桌小雅的嫌疑比较大。那该怎么问才能保护小雅的心灵不受伤，又能得到关键信息呢？

我思索一番并采取了行动。下午放学时分，我让小雅来办公室。为了保证这次谈话不外传，也为了观察一下小雅的表现，我支走了其他学生，但我没马上询问，而是让她先等等。我在一旁假装处理事情，在此期间悄悄地观察着小雅。心理咨询中非言语行为观察技术告诉我，如果不是小雅做的，她会比较放松，会好奇地四处看看；如果是她做的，她就会"做贼心虚"，紧张地站着，双眼注视一处，因为此时此刻她需要思考一会儿怎么应对老师。很可惜，小雅的情况属于第二种，但作为老师我不能武断，得放下偏见来问。

谈话之前我已罗列好相关问题，首先，我从低敏感度的问题问起，让小雅不要过于紧张和焦虑。我温和地说："老师想问你几个问题，你把知道的告诉我就行。你有没有听说过最近小朋友丢东西？"低年级的孩子较乐于表达，喜欢与老师亲近，如果这件事与自己无关，绝大多数孩子会借此机会多跟老师聊几句，甚至还会把其他事也拿出来唠唠，更何况小优说她俩昨天还一块找过丢失的20元钱呢！结果，小雅不假思索地回答："没有！"其余竟再无一字！这斩钉截铁的回答是刚刚趁老师离开的那会儿想好的答案！

我没有生气，而是平静地继续。我把问题分解成一个个细节提问，有关谎言的心理知识指出说谎者无法应对细节问题，也无法倒叙编造谎言。面对我的询问，小雅强装镇定地全都回答没有。后来，我找出前后矛盾之处，利用破绽一直追问下去，使她无法圆谎，眼见我就要揭穿，她只好怯怯地告诉我："小优的20元钱在家里，我下午拿过来。"

第二步，教学生勇敢面对

听到小雅承认错误，我长舒一口气，要改错就一定要先认错，小雅终于勇敢地迈出了第一步！此时，小雅最害怕的是老师会大发雷霆。为了缓和她的紧张，我没有表现出很生气的样子。我继续心平气和地跟她谈，但是脸上也戴上了严肃认真的表情："你承认了自己的错误，我感到欣慰。我希望你再勇敢一些，告诉我为什么要拿小优的钱。"这是小雅最难以启齿的问题，也是这次谈话最困难的部分，因为老师要带领孩子直面内心的"魔鬼"。面对这个问题，小雅犹豫了、踌躇了，许久都不愿意、不敢说出心中的真实的想法。小雅第一次回答："替小优保管。"我否决："那为什么今天不还给小优呢？勇敢地说出来，说出来下次才不会再做。"小雅仍然害怕，害怕同学们知道了不再喜欢她。我说："这件事你知、我知、家长知，不会有其他人知道，老师会和你一起保守这个秘密。"承诺会让小雅不那么害怕，但她还是有所担忧，怕小优知道了把秘密泄露出去。我说："我会帮你把钱还给小优，告诉她是我捡的，她也不会知道。这件事你也不必告诉其他人，可以把它当作秘密藏起来。"教师要了解学生心里所怕，解决他们的担忧，这样他们才愿意敞开心扉。至此，小雅终于轻声地说出："喜欢钱，想要。"最难堪的念头她都愿意说出来，说明小雅此时很信任我；我不能辜负这份宝贵的信任！

第三步，教育引导孩子走正确的路

我用真诚又严肃的口吻跟小雅说："你想要钱买喜欢的东西，老师能理解。但钱必须通过正当途径获得。比如，老师上班挣的钱是正当的，你跟父母要的零花钱是正当的，但你偷拿同学的钱就不是正当的。人的内心住着天使和恶魔，你做好事、做善良的事，天使就会成长，你做坏事、做邪恶的事，恶魔就会长大。你偷东西相当于给心中的恶魔喂香喷喷的肉，它长大了就会控制你，让你不停地做坏事。但是你知错就改就能喂养小天使长大，让你重新成为一个好人。你愿意改吗？"这些适合低年级儿童理解的语言、通俗易懂的比喻，漾起了小雅心中的涟漪，她的眼泪不停地打转，主动跟我倾诉了前两次偷拿了小优的笔是因自己忘带文具，时常需要借用，小优厌烦不肯再借，所以她生气了，一时冲动偷了小优两支笔。至此，小雅行为背后的原因终于清楚明了。

第四步，实话换警醒，真诚换信任

我耐心、真诚地听完小雅的倾诉，告诉了她一个事实：无论什么原因，不经过他人的同意拿走别人的东西，这种行为就是偷，就是违法行为，到了法定年龄，这种行为是要负刑事责任，要坐牢的。然后，我带着小雅查阅百度，给她普及了"盗窃罪""未成年人犯罪"等法律知识。有些老师认为"偷"字会伤害孩子的心灵，所以学生偷盗行为应该说成"不小心拿"。我认为这种模棱两可的说法会混淆儿童的是非价值观，让孩子分不清对错，也让孩子法律意识淡薄，所以我选择了说实话，用事实和法律知识来警醒孩子，让孩子不一错再错。

另外，我承诺替小雅保密，但并没做"说实话就能免惩罚"的保证，而是语重心长地告诉孩子："家长可能会惩罚你，你要做好准备，别怕！痛了就知道改了，谁摔倒都痛，犯错误就是在成长的路上摔跟头，痛了你才知道把绊脚石踢走，痛了才会长大懂事，做好准备，我一会儿就打电话给妈妈。"我们要跟孩子说实话，不做不靠谱的保证，用真诚的态度去换取孩子的信任。

第五步，与家长沟通

与家长沟通的电话我是当着小雅的面打的。我先打电话给小优家长，告诉家长为了保护未成年人的隐私，我不便透露偷东西的同学的任何信息，同时建议家长就说是老师捡了他东西，以防孩子不小心说漏嘴（低年级的学生不擅长保密），弄得人尽皆知，伤害了偷东西同学的自尊心。小雅听完我打这个电话，心中的大石头终于落下来了。然后，我打电话给小雅的家长，在讲清楚事情的经过后，特别强调了小雅已深刻认识到了自己的错误，并且真心诚意想要改正。我还跟小雅家长说："虽然小雅这次的行为有偷盗的性质，但是，她深刻地认识了错误，我们应该放下偏见，不给孩子贴'小偷'的标签，我坚信孩子一定能改！"不轻易给孩子贴负面标签，也是对孩子的保护。最后，我还叮嘱小雅妈妈小优家长并不知情，道歉由老师转达即可。小雅见我如此保护偷东西的自己，不再退缩，主动向前一步，跟我保证："老师，谢谢您！我一定会改的！"

【教育效果】

后来，两个学生之间的情谊更加深厚了。小优家长经过老师提醒，注重培养孩子的气度，小优同学变得更加大方、友善、乐于助人；小雅用自己零花钱购买了类似的文具"送"给小优，赔付了所有偷来的东西；小优也存在违规带零花钱的行为，经过教育，小优决定把还回的20元钱捐为善款，以告诫自己以后要谨遵班规；同时，在家长和老师的共同努力下，小雅养成了自己带齐学习文具的好习惯。这件事，最后只有我、小雅家长和小雅知，甚至当事人小优也不知晓，确确实实地保护了"偷"和"被偷"孩子的自尊心和自信心。

【总结反思】

偷窃行为不是小事，老师和家长对学生都要严加教育，但是在教育的过程中要重视保护学生的自尊心。学生发生偷窃行为的原因很多，无论哪种原因，我们时刻都要坚信学生是一定可以改正错误的，我们对犯错的学生宽容一些，可以拥有很大的魔力，这个魔力产生的效果远远超过单纯斥责学生。

面对学生盗窃行为这种棘手事情，除了爱和宽容之外，还需要教育者拥有足够的智慧。作为班主任，储备丰富的心理学知识是非常必要的。比如，在交谈中使用的排解学生担忧的共情技术（一种心理咨询技术，指心理咨询师一边倾听来访者的叙述，一边进入来访者的精神世界，并能设身处地、感同身受地体验这个精神世界，然后跳出来以言语准确地表达对来访者内心体验的理解，传递给来访者知道），师生之间的共情需要教师储备儿童心理学相关的知识，这能帮助教师走进孩子的内心，帮他们卸下心理包袱，让彼此的心互相靠近。此外，还有非言语技术的观察技巧（一种心理咨询的技术，通过观察身体动作和面部表情变化推测他人心理的技巧）和说谎心理学的知识（《说谎心理学》一书，专门介绍了说谎者的行为特点，以及识破谎言的方法等相关知识）在谈话中也至关重要，它们让班主任能够在繁忙的工作中提高与学生谈话的效率，起到事半功倍的作用。班主任掌握了心理辅导的理念、知识、方式和技巧，才具有足够的智慧去引导孩子走正确的路，才能更好地呵护孩子身心健康地发展。

另外，学生发生盗窃行为后，法制教育也很重要。作为教师，我们首先不能给学生在人格上贴"小偷"的标签，但是要通过法制教育帮助学生明悉行为的性质，让学生学会明是非、辨对错。从小学生的认知发展水平看，绝大部分偷盗行为都是有目的、有意识的，如果不及时制止和让他们警醒，学生很容易形成陋习。俗话说"冰冻三尺，非一日之寒"，未成年人犯罪并非一朝一夕的事，而是从量变到质变的积累及渐变的过程。在日常工作中，班主任要用法制知识告诫学生"勿以恶小而为之"，使其从小有良好的法制意识，从而有效阻断学生恶习继续发展，预防青少年违法行为。这也是对小学生进行法制教育的首要意义。

最后，班主任和家长要谨记点到即止，不反复强调，这也是我控制知情范围和不召开相关班会课的原因。首先，小雅出现盗窃行为是个案，具有偶发性，还未到坏习惯定型的阶段；最重要的是，孩子已经用行动来证明她已经改正了！任何年龄段的孩子都有自尊感和羞耻心，见证孩子犯错的当事人，要站在孩子的角度，想到孩子一定不愿让自己不光彩的事情被更多人知道。如果老师转述给小优或者小优家长，这个秘密就存在被传出去的风险；或者老师再召开相关主题的班会课，去强调偷盗行为是不好的，也必会引起"此地无银三百两"的猜疑，"猜疑""八卦"之风一旦在班级中形成，小雅难免会被同学"猜出来"，从而自尊心受到伤害。所以，我们需要记住：事情过去了，就是过去了，不要反复追究，不随意转述、强调。保护孩子的自尊，给予孩子尊重，这才是对孩子最好的呵护。

鼓励的力量

深圳市福田区实验教育集团侨香学校　李若菲

【教育背景】

独生子女家庭是社会家庭构成中的重要组成部分。一方面，由于独生子女在家中被视作宝贝，家长极尽所能地满足其一切要求，这就让独生子女很容易产生以自我为中心的优越感。另一方面，面对社会竞争力的日益增加，父母又担心子女无法立足，于是有些父母在管教孩子时产生矛盾心理：孩子犯了错误管还是不管？当然要管，可是怎么管？很多父母，尤其是独生子女的父母，往往采取简单粗暴的管教方式，动辄打骂，强迫孩子顺从自己，然而管教之后又心疼不已，看到孩子哭闹，说尽好话哄孩子开心，对孩子提出的要求无不满足。可是，这样的管教方式不仅不能使孩子认识到自己的错误，反而给孩子一种父母的管教是亏欠自己的心理，有些孩子甚至以此要挟父母，也有些孩子采取极端的方式与父母对抗。而当这类孩子进入校园后，他们也会用同样的方式对待老师和同学，听不进老师的批评教育，对老师的管教有严重的抵触情绪。

【事例重现】

我的班上就有这样一名同学。小升初第一天新生报到时，一名男生引起了我的注意。事情的起因仅仅是一个电梯卡。在我向新生介绍完初中生的常规要求后，到了领取新教材的时间。考虑到男生力气大，加之新教材比较多，因此，我安排全班男生都去图书馆领教材，女生则留在班级做卫生大扫除。我们的教室在教学楼二楼，图书馆在一楼。在这期间，这名男生跑过来跟我要电梯卡，想乘电梯上下楼搬书。考虑到电梯卡是学校为老师配备的私人物品，没有特殊原因学生禁止使用，并且如果我给了他，其他同学难免也会向我提出同样的要求，这样就会秩序大乱，于是我婉转地拒绝了他。他没有说话，扭头走开了，但我看到他的眼神里充斥着不满。我原本以为这只是一个小插曲，把道理跟他讲清楚他就不会有想法了。然而，这名同学对老师的敌意是我没有预料到的……

领完教材后，当所有同学都回到自己的座位上，我表扬了同学们积极为班级做贡献的美好品质。而就在这时，刚刚那名向我借电梯卡的男生突然站起来，质问我说："老师你为什么不给我电梯卡？"被他这么一问，我怔了一下，然后给他解释道："首先，咱们的教室在二楼，而图书馆就在一楼，电梯能到达的最低楼层是三楼，如果你乘电梯上来，还要搬着书再下一层，并没有省时省力；其次，如果我把电梯卡给了你，那么其他同学看到后该怎么想呢？现在全校都在领教材，如果大家都去争抢着乘电梯，那不就秩序大乱了？"没想到的是，他不依不饶，向我怒吼："你不近人情！为什么我看到有别的老师给学生用，而你就不行？"说实话，我真是头一次遇见这么不依不饶的学生，同时，我也在反思，真的是我不近人情吗？冷静之后，我告诉他也许那时刚好有特殊情况，或者那名同学身体不适有特殊原因才乘电梯的。听我这么一说，他便顺势对我甩了一句："那我也身体不适，我有心脏病，你以后不要安排我做事了。"说完，他转身扬长而去……

第一天学生报到，原本应该是我这个班主任给他们立威的时候，万万没想到，却被这名同学来了个"下马威"。我意识到如果我任由他这样下去，将非常不利于我的班级管理，同时不能帮助他及时发现问题。所谓知己知彼，方能百战不殆。我的当务之急是摸清他的"底细"。考虑到他小学就读于我们学校，新生报到结束后，我第一时间找到了他的小学班主任了解情况。从小学班主任那里我了解到，原来他对我今天的这种态度并非第一次，而这是由于在他小的时候犯了错误，父母没有进行正确的干预。父母在管教他的过程中采取简单粗暴的方式，大吼大骂。他不服气，与父母针锋相对。父母气急败坏之下大打出手，他虽然嘴上不再顶撞了，但内心其实并不服气。一番哭闹后，父母于心不忍，又好话说尽哄他开心。长期下来，他便养成了只要哭闹，父母就会妥协的惯性思维。所以当他在学校的诉求不被满足时就怨气十足，甚至用极端的方式表达诉求，同时听不进老师的批评教育，他犯了错误，只要有老师批评他，他就会对这个老师充满敌意。在小学时他就曾咬过英语老师的手，还与其他科任教师发生过肢体冲突……冷静思索之后，我认为不能跟这样的孩子硬碰硬，否则不仅不能缓解他对老师的抵触情绪，还可能让他做出更加极端的事情来。既然是抵触老师的批评，不信任老师，那我就多表扬和鼓励他吧！首先，消除他的戒备心，让他信任我，愿意和我倾诉他的想法，我才有机会开展后面的工作。在接下来的相处中，只要我发现了这名同学做得好的地方，就大力表扬他。"李××同学今天的地理作业写得非常认真，得了A+，进步很大哦！""今天数学老师跟我表扬了李××，说他课堂积极回答问题，比以前听课认真了很多。""李××同学今天收敛了自己的脾气，在与古××同学发生冲突时能够很好地克制冲动，冷静地解决了问题。"……不仅如此，我还与班级科任教师一一沟通了他的情况，在得到科任教师的理解后，大家一致同意给他更多的表扬。同时，我经常找他谈心，教他如何正确地表达想法，鼓励他与老师、同学友好相处，告诉他老师和同学们都看到了他的进步。经过一段时间的疏导，他身上的刁蛮任性已经改了很多，虽然偶尔遇到没满足他诉求的事还会争论几句，可是我能感受到他已经在有意识地克制任性，控制脾气。我想我的工作取得了阶段性的胜利。

【教育效果】

经过一年半的磨合，他的性格温和了很多。进到老师办公室之前会先打报告；有对老师不满意的地方不会不分场合地大吵大闹，会私下和老师沟通，态度和缓地向老师倾诉他的想法；挂在他脸上的笑容也越来越多了。我想，这是源于对老师的信任吧！我在与孩子的爸爸沟通中得知，在家中他也懂事了不少，不再像以前那样大吼大叫地提要求了。

【总结反思】

以上这个男生的情况，是独生子女家庭中比较常见的现象。在孩子小的时候，犯了错误没有进行正确的干预，父母暴力管教之后又给孩子"一颗糖吃"。这样的家庭教育无疑是错误的，孩子不仅不能认识到自己的错误，还可能会变本加厉地胁迫父母满足其要求。而作为班主任，我们没办法深入孩子的家庭干涉其家庭教育。但我们可以给予这些孩子更多的爱和安全感，让他们知道怎样正确地表达诉求，鼓励他们信任老师，让他们知道老师是在他们成长中帮助他们的人。同时，我们要鼓励他们找到学习上的自信，将他们的每一点进步及时反馈给家长，同时说服家长用正确的方式教育孩子，家校合作共同帮助孩子自信成长。

第二篇

深圳高级中学（集团）

教育案例

有声赞扬，无声批评

深圳高级中学（集团）　李琼瑶

【教育背景】

班主任是班级的组织者和引导者，对学生的品德修养、学习生活和健康成长起着非常重要的作用。班主任工作头绪多、事情杂，要做好班主任工作，没有爱心和耐心是绝对不行的。因此，一位优秀的班主任必须具备高尚的品德、强烈的事业心和责任感，要善于发现和挖掘学生身上的闪光点，同时要智慧地管理班级。

【事例重现】

宋同学是一个好动、散漫、脾气倔强的男生。这名看似貌不惊人的学生，却是我班主任管理工作中的一个大难题。该学生成绩较差，由于基础欠缺，所以不管哪门文化课他都不想学，上课时要么睡觉，要么搞小动作影响别人学习，总之对学习没有丝毫的兴趣；课间和同学追逐打闹，喜欢动手动脚；课后不能认真完成老师布置的作业，即使做了，也是糊弄一下……几乎每天都有学生向我告状。要是有几天我不理他，他便变本加厉地闹。于是，我找他多次谈话，希望他能遵守学校的各项规章制度，以学习为重，按时完成作业，争取做一个遵守校纪校规、认真学习的好学生。每次谈话，他态度都很好，但在行动上却没有一点儿进步。我几乎对他失去了信心，心想算了吧，或许他真是"不可雕的朽木"。但作为班主任，我又觉得不能因一点困难就退缩，何况不把他管好还会影响整个班集体。于是，我下定决心：非把他转化过来不可。

在群体中，绝大部分学生不喜欢老师过于直率，尤其是批评他们的时候太严肃。有一次上课，因为我是班主任的缘故，学生一般都不敢睡觉，他却旁若无人地趴在桌子上睡觉。当时我心里非常气愤，但怕影响其他同学上课，所以我没在班上批评他，直到下课后，我让他到办公室里来。虽然心中充满怒火，但我还是没有严厉地批评他，因为我了解像他这样的学生脾气一般都比较倔，说得过重反而适得其反。我问他是因为身体不舒服还是其他什么原因才这样做，并谈了一些为人处事的道理及人与人应互相尊重……他或许也认识到自己的错误，所以态度不是很强硬。

谈心，是做学生工作的基本方法，也是班级管理中必不可少的环节。经过观察，我发现他有一些不错的爱好，如喜欢机器人、机械安装等。于是，我试着走进他的生活，了解他的内心世界，关心、引导他遵守纪律、尊敬师长、团结同学、努力学习，争做一名积极上进的好学生。每次在路上遇到他，我都会有意识地先跟他打招呼。只要他的学习有一点进步，我就及时给予表扬、鼓励。我还在生活上注意关心他，尤其是在他生病时给予他更多的关照。久而久之，他也逐渐感受到了老师对他的"好"，明白了许多做人的道理，明确了学习的目的，端正了学习态度，学习成绩有了质的变化。

【教育效果】

通过半学期的努力，他能遵守学校的各项规章制度，上课也开始认真起来，作业不仅书写工整，也能按时交了，各科成绩都有明显的进步，与同学之间的关系也改善了，各科任教师都夸赞他学习大有进步。

【总结反思】

班主任是与学生接触最多的老师，也是学生最容易亲近的老师。学生有被认可的需要，他们在意家长对他们的看法，在意同学之间的评论，更在意自己的闪光点是否得到了班主任的认可。至今我仍记得我校的一位老教师说过的一句话：表扬要点名，批评不点名，只有发自内心地爱学生、帮学生才能更好地开展好班主任工作，才能与学生建立良好的师生感情，才能与他们进行互动式的交流与沟通。

爱的教育

深圳高级中学（集团）　梁　燕

【教育背景】

每个人都需要被赏识，喜欢被赞美、被肯定和被鼓励，尤其是后进生。他们的内心敏感、脆弱，往往心理压力较大，在班级活动中自卑、自责、不知所措。这时，他们需要的是帮助、安慰。如果教师采取忽视或不满的态度来对待他们，就会使他们丧失信心，不愿意再努力，甚至产生"破罐子破摔"的心理。学生的可塑性很强，如果教师能给予他们更多的机会，多鼓励他们，不仅有助于培养学生良好的品德，而且有助于增强学生参与各种学习的动力。

【事例重现】

还记得几年前我接手了一个新的班级，那个时候我跟孩子们还没有熟悉，只是例行公务一样，每天从早晨7点多钟就开始陪伴着孩子们，下午通常都是7点左右离开学校。班里有个学生平时话非常少，与同学的接触很少，学习成绩也很糟糕，我所任教的英语这门学科他考试只考了30多分，这让我为他很着急。有一天，我给他妈妈打了个电话以了解孩子的情况。他妈妈说，因为孩子外公的身体这几年一直都不好，她需要经常在医院照顾老人，孩子的父亲工作也很忙，二人都顾不上孩子的学习，所以小升初之前的两年，孩子的学习成绩一落千丈。现在孩子在学校住宿，感觉不到家人对他的关心，所以他的状态每况愈下，学习不主动，也不愿意和老师、同学交流。了解这些情况后，我在接下来的晚自习时间几乎每天都会去教室看他，检测他背诵英语单词、课文和完成作业的情况，顺便我也会给他带一些牛奶、水果、饼干之类的吃的。我经常鼓励他说："老师一直觉得你是一个独立又懂事的孩子，妈妈现在照顾外公花的时间比较多，那是因为外公年纪大了需要人照顾，我相信你会理解的。学习方面你也要好好加油，只要你尽力了，一切都会越来越好的！"他只是点点头，并没有说太多话。后来，我让他负责班级的电器设备管理，他每天都尽心尽责，及时开关电教设备，及时开关空调，默默地为班级付出着。

不久，他的妈妈搬来学校附近陪读。听他妈妈跟我说，他周末也主动提出要去医院看望外公，也理解了妈妈的不容易。学习上他也越来越努力、越来越自信了。经过努力，他在后来的期中考试中，英语考到70多分了。他与同学的交流也比以前多了，我可以从他的脸上看到更多的笑容了。我每次看到他哪怕进步了一点点都会当众表扬他，他的学习劲头越来越足了。

一天晚上，我约了几个学生和家长就白天没有解决的问题在晚上家长下班之后一起面谈。我们谈着谈着就忘记了时间，一直谈到了晚上快11点。那天晚上，在我们班只有我一个老师在学生群里，平时沉默寡言甚至从不说话的他在群里发了一段话："老师，这么晚了，您也要早点回去啊，这么晚了不要在学校加班了！回去的路上一定要注意安全！"那一刻，看到他的留言，我的眼泪流了出来。我回复了一句："很感动，谢谢你！我会的！"很快，很多孩子都在群里给我留言了，我觉得特别温暖，那一刻，真的，我觉得我的付出特别值得。第二天，我知道了他在家正好可以看到我们班的教室，他猜到那么晚教室还亮着灯肯定是我还在学校加班。后来，我发现班里的孩子们好像一夜之间就长大了，都知道主动关心老师、关心家长、关心同学了。

【教育效果】

爱的教育就是正强化教育，它要求我们从本质上对学生进行激励，哪怕是教师只言片语的肯定也会让后进生重新找到自信，克服自己的惶恐心理，感觉到自己在教师的心里依旧是有希望的。他们一旦意识到自己被重视、被赏识，便会立即点燃希望之火，其本能的表现就是积极地配合。

【总结反思】

对于学生来说，教师的爱是一种神奇而又伟大的力量，是除了母爱之外，世界上又一种伟大的爱，这种爱是无私的。但师爱又不同于母爱，因为师爱是一种理智与心灵的交融，是沟通师生心灵的桥梁。师爱可以激发学生产生巨大的内动力，去自觉地、主动地沿着老师引导的方向前进。只有当老师给学生以真挚的爱，给学生以亲近感、信任感、期望感，学生才会对老师产生仰慕的心理，才能向老师敞开他们的内心世界，老师才能"对症下药"，收到理想教育的效果。因此，班主任必须用自己的爱心去感化学生，做到动之以情、晓之以理、寓情于理、情理结合，这样才会产生动情效应，从而收到较好的德育效果。孩子的心灵就是镜子，老师跟学生说"你要善良"，首先，老师就要用自己的实际行动向学生展示什么是善良。我总认为身教重于言教，只有老师对学生付出了真心，才能真正换得学生对老师的真心和师生之间的相互理解、相互体谅和相互关心。

多些耐心就会多些惊喜

深圳高级中学（集团）　刘亚南

【教育背景】

班主任工作烦琐，班主任在处理学生事务的时候难免有缺乏耐心的时候。特别是对于刚参加工作的年轻班主任而言，客观地看待学生所犯的错误，心平气和地处理问题，管理好自己的情绪，对提高班级管理的技巧和艺术有很大帮助，同时会带来意想不到的教育效果。

【事例重现】

早读时，我发现杨××在抄袭同学的语文摘抄作业，当即没收了他的作业，让他先早读。早读后，我把他叫来沟通，我先问他为什么抄作业，他回答说摘抄本落在家里了（该生平常喜欢讲谎话，我虽怀疑这个理由但还是耐心地和他沟通）。

"摘抄本忘家里了是否可以成为你抄作业的理由？老师要求的阅读有没有读？"我在得到肯定回答后继续和他沟通（他当然也有可能是撒谎，但我还是选择相信他）。

"如果有读，是不是可以先摘抄到一张纸上，第二天钉到摘抄本里交给老师？"他低头无言。

"我现在问你，遇到这种情况，你可以有几种处理方式？"

"三种：第一种，先不完成，被记名字后尽快补交，然后找老师划名字；第二种，先写到纸上，然后钉到摘抄本里；第三种，回家里取摘抄本。"

本来我预计的回答只有两种，结果他说出了三种，让我有一分惊喜。然后，我又问他："现在抄作业这个事情已经发生了，你该怎么办？"

"跟李××（被抄者）道歉。"（我事先了解过，杨××没争取到李××同意而是把作业强行拿走的）

"还有呢？"

他支支吾吾，想不出来怎么回答。

"你如果把这份作业交上去，是不是让老师误以为作业就是你自己完成的？这种行为是不是欺骗了语文老师？所以……"

"跟语文老师坦白道歉。"

"嗯，很好，希望你可以从中吸取教训，以后不要再有此类事情发生。"

【教育效果】

初中生的心理特点表现为自尊心强烈。过多的批评不但不能起到作用，反而可能会引起学生的逆反心理。虽然过多的说教可能会起到一时的作用，但让学生自我总结反省，既符合中学生能明辨是非的心理特点，也符合尽可能发挥学生主观能动性的教育原则。

【总结反思】

通过对这个事件的处理，我积累了一些经验：首先，我很庆幸自己没有在发现杨××抄作业后大发脾气、把他狠狠地批评一顿，而是耐着性子一步步引导他怎么更好地处理自己的作业问题；其次，每个学生都知道抄作业这件事情是不光彩的，如果一味地说教抄作业多么不对，无异于废话，站在学生的角度来看，他们也未必会接受这样的说教，甚至可能产生逆反心理；最后，虽然该学生平常有说谎话的习惯，但在这件事中，作为老师的我给予了他信任，没有让事情陷入另一种复杂的境况。更重要的是，经过抄作业这件事，我挖掘到更深层次的东西，那就是怎么引导学生进行自省和自我教育，以及寻找解决问题的办法。我想，这才是教育的本质所在。很庆幸，我做到了。

入微，做学生心理上的"及时雨"

深圳高级中学（集团）　蓝嘉玲

【教育背景】

初三的部分学生努力学习，但成绩经常达不到理想的水平，每次大考成绩出来后，他们的情绪容易失控。这时，老师不经意的一句话有可能成为压倒骆驼的最后一根稻草，进一步恶化学生的心理状态。所以，老师要细致入微地关注学生的情绪变化，做学生心理上的"及时雨"，及时帮助学生重拾信心，使学生获得继续前行的动力，从而帮助学生成长。

【事例重现】

期末考试结束后的上午第一节试卷讲评课上，学生都很安静，可能是这次考试大家的成绩都不是特别理想的缘故，虽然即将迎来寒假，但是学生都很安静地认真听讲评。

刚讲完选择题和材料题，在讲解最后一部分论述题时，我截屏了阅卷系统中的几个比较典型的但不够完美的小论文进行展示，想通过直观的展示让学生找一找其中的扣分点，以掌握做题技巧。其中一道论述题的截屏是我班上一名学生的。为了活跃气氛，当时我开玩笑地说道："老师的认字能力超级厉害的，你们看，这个阅卷系统上截屏的小论文，肯定是我们班上的李同学的。"于是大家都知道了这篇不完美的、被扣了分的小论文是李同学的。"李同学的这篇小论文为什么只得了6分，她究竟在哪里被扣分？"同学们都七嘴八舌地讲起来："没有写史实""升华角度不对""论证没有史论结合"……在听到学生回答"论证没有史论结合"时，我激动地回应道："是的，从第一节课讲论述题的做题技巧时，老师就一再强调，论证不能仅有史实，更要有你对这件史实的论述，以及史实产生了怎样的影响，为什么讲过这么多次，还是有人再犯这个错误呢？"我讲完这句话后，我留意到李同学前面的王同学马上开始嘲笑李同学重复犯错误，李同学马上就低下了头。直到我后面讲截屏的其他同学所犯的错误的时候，她仍旧低着头，我当时就觉得哪里不对。果然，下课铃声响了后，当我看见她眼眶红红的，一动不动地趴在桌子上。我陷入了懊悔当中，李同学这次不光我教的科目考得不是特别好，她总分也不是很理想。我本想着以她的字活跃一下气氛，因为她的性格不是很内向，不像接受不了指责的人，却忽略了这时候经历了大考，她的努力并没得到理想的回报，本身就处于比较敏感的心理状态。看着她的情绪这么低落，我心想一定得引导一下她。什么时候合适呢，现在经过这件事后，马上找她，她肯定不愿意跟我说心里话，走不进她的内心，又怎么开解她呢？

于是，上午第五节课上完后，趁着办公室的同事们都去吃饭了，我让她到办公室来找我。一进办公室，李同学也是头低低的，不太开心的样子，我猜测她心里还在埋怨我，于是我对她说道："老师首先要向你道歉，今天上课的时候没有顾及你的心情，不应该让别人知道那篇小论文是你的，但是老师的初衷是希望大家找出其中的扣分点，让你下次考得更好，希望你不要埋怨老师，好吗？"我希望通过真诚的道歉来消除误会，让她愿意对我倾吐心声。果然，她听完眼泪汪汪地说道："没有，老师，我知道你是为我好，是我自己没考好，心里难受。"我听着，内心更加怜悯她了，于是我说道："这只是一次成绩，不代表什么，下次更加努力就好了。"她听完更加激动了："但是每次考试我都很努力了，为什么成绩总是很不理想？每次都差那么点，为什么我的努力没有得到回报？"听完她的话，我内心也在为她感叹，我说道："老师知道你是一个很努力的孩子，也为你感到骄傲，虽然努力并不一定有回报，但是不努力一定没有回报，虽然你这次没有上420分，但是你想，如果你不努力，你现在的390分又是怎么来的呢？"说着，她也点了点头。于是，我再说道："老师觉得你别把一时的成绩太放在心上，重要的是可以通过这次的考试总结原因，在下次考试的时候，避免再犯错误，在平时的练习中也要更注重学习方法，而不仅仅是刷题。练习要有数量，更要有质量。做到这些，老师相信你一定能够更上一层楼的，我看好你！"有了我的鼓励，她破涕为笑，说道："老师，你说得对，失败乃成功之母，我会继续努力的。"

【教育效果】

一个小小的情绪失控不去管，学生可能会误解老师；学生经历失败得不到老师的开解，低落的情绪得不到缓解，有可能失去学习的动力，甚至一蹶不振，导致心理问题。我通过仔细地观察，及时关注到学生情绪的变化，真诚地向学生道歉，尊重和理解学生，为师生间的交流营造了心理安全的氛围，这样才有可能架起通往学生心灵的一座桥，学生才愿意向我倾吐心声，我才能做学生心理上的"及时雨"，引导与开解学生，化解学生的不良情绪，重新激发学生向上的动力。

【总结反思】

当老师，要细心、走心，及时引导与缓解学生的不良情绪。

和谐师生关系，助力物理学困生走出困境

深圳高级中学（集团） 孙 薇

【教育背景】

初中物理侧重于物理现象的教学，按"现象—规律—本质"的思路，引导学生观察现象、探究规律、揭示本质，同时，强调学生的探究活动。因此，老师设计的开放性问题和实践性课题多。对于很多学生而言，物理是一门比较难学的科目，因为人从本性上来说倾向于用感官、情感去感受自然现象，而物理学是一门用科学的方法去观察、了解、分析自然现象的学科，这本身不符合大多数人的习惯。同时，学习物理学需要良好的数学基础，有时候弄明白算的是什么比计算本身要难得多。作为物理老师，我尝试在教学中通过多种方式和物理学困生建立起和谐的师生关系，助力他们走出困境，收获成功的喜悦。

【事例重现】

在我所教的班级里有一位女同学小花，她在初中物理学的开始阶段还比较有兴趣而且学习很认真。可是随着物理学习难度的加大，她开始充满疑惑，在几次考试以后，因为成绩不理想，索性就放弃了对物理的学习，上课总是走神。

我在发现这种情况后，首先找小花同学谈话，询问了她具体在哪些问题上感到疑惑不解，并与她共同探讨出一种错题整理的方法，帮助她将不懂的问题按照类别

进行整理并弄懂，将难题分解逐个击破。在与小花相处时，作为物理老师的我，把小花看成自己的朋友，去亲近她、关心她，使得她一有问题就愿意找我请教。

在教学过程中，我尝试找机会把"做"的任务、"说"的机会留给小花同学，这样可以大大增加她参与教学活动的机会。教育学的规律表明，单向接受的知识是不牢固的，不能转入长时记忆和有效内化。人只有在与他人合作的过程中，主动加工那些对个人有意义的信息，才能取得最佳学习效果。

小花同学由于年龄关系，认知能力还不足，提出的意见和建议往往还有一定的局限性，但作为老师，只要小花同学提出来了，我就对她这种行为表示赞赏。这样也有利于形成建立民主、平等、和谐的师生关系。同时，小花同学提出每一个意见和建议后，我都会认真思考，如果教学确有不足之处，就及时改进，这对学生也是一个良好的示范。例如，有一次，我们学的一道物理题其实有多种解题方法，而在课堂上我只讲了一种。小花同学课后来找我，说她的解题方法不一样，让我看一看。我看后，发现这种方法虽然比较复杂却也可行，于是在下一节课上专门请小花同学分享了她的方法，并组织同学们展开分组讨论，总结每种方法的特点并进行难易程度的比较，这一做法大大拓展了学生物理学习的思维。最后，我在课堂上表扬了小花同学，并鼓励更多的同学向小花同学学习，大胆提出自己的新思路、新解法。小花同学得到我的表扬后，觉得自己的努力有了一定回报，自然愿意更多地付出，这也是一种良性循环。

【教育效果】

物理的学习是环环相扣的，在我和小花的共同努力下，小花的很多疑问都得到了解答。随着学习的不断进步，她也重拾对物理学习的信心。在后来的课堂上，我总是能看到小花同学认真的眼神和努力的身影。

【总结反思】

1. 爱与尊重，有利于物理学困生学习兴趣的激发和长久保持

和谐师生关系的基础是爱与尊重。尤其在与物理学困生相处时，作为物理老

师的我们，要把学生看成自己的朋友，亲近他们，关心他们的学习状态、心理状态、衣食住行，并应用物理的特有模型及时做好他们的思想工作，使得他们不害怕请教、不逃避问题，从而激发他们学习物理的兴趣并使其长久保持。

2. 教学和谐有利于学生积极参与物理学习

在课堂教学的设计上，教师应留有余地，留适量的时间给学生自己讲解，这样可以大大调动学生参与教学活动的积极性。在初中物理教学中，教师要在设置疑问上花心思，要让学生通过教师创设的疑问情境不断参与，相互合作并分享探讨。只有这样，学生的物理学习才能焕发出生机与活力。

3. 虚心听取并适当采纳学生的建议有利于激发物理学困生的求知欲

对于物理学困生提出的问题和建议，教师一定要给予充分的重视，因为他们提出的问题不仅能很好地反映出他们的学习效果，还能给教师提供解决问题的方向，促使教师有针对性地进行教学内容、教学计划、教学方法的调整，从而达到最佳的教学效果。

当班主任，需要学会制造"故事"

深圳高级中学（集团）　肖涵敏

【教育背景】

学生良好的行为习惯的养成，虽然不是一两天的事情，但是在最初阶段尤为重要，特别是对于初一的学生来说。作为班主任，我们有时候需要有意地制造"故事"，通过这些"故事"达到对学生进行行为习惯培养的目的。

【事例重现】

"铃铃铃"，第七节课铃一响，我眉头一紧，下一节课是学生入学以来第一次数学滚动测试。我赶紧起身，拿起数好的数学试卷就往教室走。我一边匆忙地走一边嘀咕，这帮"家伙"有没有按照之前班会课的要求把桌椅拉开好进行单人单桌考试？刚走出办公室，我突然停了下来，想了一下，决定还是先不去了，等一会儿预备铃响我再去。如果他们按要求调整好了，我就使劲表扬他们；如果第一次滚动他们还没有适应拉开桌椅，我就正好逮着这个机会加强教育。我又立刻回到座位上，看了下挂在墙上的钟表，时间还有几分钟，我脑海中浮现一会儿将要发生的场面。

预备铃响，我朝班级教室走去，刚到教室门口，同学们的目光迎来，座位却一动没动，我假装把脸一拉，道："周一班会课不是说滚动考试要拉开桌椅吗？"某同学立即回答，"老师，我们不记得了。""那你咋记得吃饭？"我毫不犹豫地说到，严肃的目光立刻投向那位同学，只见他赶紧低下头不吭声了。"那科代表呢？怎么不负责提醒大家？"我目光立即转向两位数学科代表，两人略带有点恐慌的神情。"还有学习委员、班长呢？你们不知道提醒大家吗？"我很气愤地大声反问，教室一片寂然，全班同学似乎都在等待我发飙。"先考试吧，科代表发卷！"同学们好像松了口气，也就若无其事地开始答题。我暗想：等着瞧，一会儿考完试再"收拾"你们。铃响后，考试结束。"小组长把试卷收上来，其他同学坐着，先别动。"我提高嗓门，大家好像预感到要发生什么。

"周一班会课就通知你们了，滚动考试一定要将桌椅拉开，一件这样的事都不记得吗？"我一边指着邻班和对面班级的教室，一边说："你们不记得，难道没看到别的班调座位？"我愤怒地盯着全班同学，"这样吧，为了增长你们的记性，让你们养成良好的行为习惯，全班都留下来抄班级公约，数学科代表和所有班干部抄两遍，其他同学抄一遍。"我一边数着他们考试期间我去文印室拿的速印纸，一边打开投影屏："都要把字写工整，当成练字，不合格的就重抄。"学生丝毫不敢怠慢，都认真地抄了起来。十几分钟过去，有部分学生抄完了，举手询问可不可以交。"最后都加上一句话，'我一定要养成好的习惯，下次犯错误就主动抄5遍'，再写上时间和自己的名字！"我表情一变，微笑着说道："这可是你们自己的亲笔签名哦，我可抓住把柄了，下次别中枪哈！"全班同学顿时都笑了！

【教育效果】

好的行为习惯的养成，如果仅仅靠过于教条的不断强调，效果不一定好；如果可以依托一些具体的"故事"，进行即时的批评教育，学生的切身感受会更深刻一些，也更有利于他们良好习惯的养成。

【总结反思】

当班主任，需要学会制造"故事"。所谓制造"故事"，就是班主任要善于利用教室里发生的一些事件特别是突发事件，将其巧妙地利用起来，变成一个个教学案例，以达到教育的目的。"故事"形象生动，针对性强，即时教育效果更好。

亦师亦友，感悟师生关系

深圳高级中学（集团）　肖涵敏

【教育背景】

师生关系是教育过程中教师和学生之间一种极为微妙的关系，特别是班主任和学生的关系。这种关系是教育关系，也是教育过程中的社会关系。它作为构成教育的一种基本条件和重要的教学变量，对教育能否顺利进行、教育效果的好坏产生重要的影响。亦师亦友，是我对良好师生关系的一种感悟。

【事例重现】

初任班主任，是我参加工作的第四个年头，而且是升入初三中途接任。班主任经验的不足以及毕业班的压力，让我心存担忧。

我的班上有一名男生，长得很高，平时不怎么爱说话，坐在最后一排。他上课时很安静，但数学成绩一般。我从家长那里了解到，该学生跟爷爷奶奶在深圳生活，父母基本都在老家，只有周末过来深圳。家长还告知我，该学生是小学才从老家转到深圳来的，由于上学晚，他比班上同学大了2岁。我了解到小孩的特殊情况：一方面，父母经常不在身边，缺少多数孩子应有的父母的关爱；另一方面，小孩可能感觉自己年龄比同班同学大一些，跟同学有些距离感，甚至有点自卑心理。了解到这些后，我便更加关注这个孩子。

一次，我叫他到办公室来，问，"数学课，我是不是讲得太快了？"他说，"没有，老师讲得挺细，我都能听懂。"我突然调侃笑道："那跟以前的数学老师比，谁讲得好？"他见我没那么严肃，答道："我还是喜欢年轻一点的老师。""那以后课堂上你要积极活跃一点，多和老师交流，不懂多问。""好的。"他走后，我陷入沉思，年轻老师有很多知识都需要学习，但是与孩子们心理距离应该更近一些，这是一个优势，我需要好好利用。

一次体育课结束，我看他拿着一个篮球往器材室跑，便问道："你也打篮球吗？"他说："挺喜欢的。"我说："要不放学后一起打篮球？"他说："放学后要回家，但是早上可以早点来学校打一会儿。"我说："可以早吗？"他说："可以的。"于是，我们便约定第二天早上很早到篮球场。次日早上，我们如约而至，交流投篮姿势、变向过人、一对一比赛，他甚至还传授我他擅长的左手上篮技巧。我明白，在那个时候，我们已经不仅仅是师生关系，更多的是朋友关系，而且是彼此珍惜的朋友关系。

后来，我们经常约着一起打篮球，我观察到这个孩子的变化，他开朗了很多，经常课后和我探讨数学问题。家长也告诉我，他每大回家总是先把数学作业做完再做其他作业，精神面貌好了很多。我记得最终这个学生中考数学成绩达到了A+，97分，也考上了一所不错的高中。

【教育效果】

亦师亦友的师生关系有时候真的可以改变一个学生。让学生感到你是他的良师，他就会从内心尊重你、敬佩你，因此，不需要过多的教育，学生就会主动和你探究学业问题，并做好学习和行为规范；让学生感到你是他的益友，他就会发自内心地喜欢你，会向你倾诉他的心声，性格也会变得更阳光、更灿烂。

【总结反思】

当班主任，除了需要了解学生的学习状态之外，还要细心地了解学生的心理状态，处理好和学生的关系。我认为，如果班主任仅仅是班主任、是老师，教育效果不一定好。所以，班主任要根据不同学生的不同心理特征，尝试扮演不同的角色，或老师，或朋友。教师如果处理好了师生关系，教育效果就会很好。

寻找学困生的闪光点

深圳高级中学（集团）　张文娟

【教育背景】

每个学生都是独一无二的，每个学生都是闪闪发光的。即使是学困生、后进生，如果你仔细观察，也会惊奇地发现他们有很多优点，有很多闪光点。

【事例重现】

事例一

9班的小C，极度厌学，课上不听老师讲课，课下不做家庭作业；每次考试，写完名字，只涂选择题答案就准备交卷了。作为班主任，我开始关注小C。翻开他的课本、练习册、作业本，我发现居然非常新，就像刚发的新书——没有被翻阅，找不到学习的痕迹。于是，我开始找小C谈话，我问他："为什么不学习？"他回答："不想学。"我又问他："为什么不想学习？"他开始沉默。过了许久，我又继续发问，他只好做出回答："不想学，就是不想学。"然后把头转向一边，不再理会我。这样的谈话实在没有多大意义。多次与家长沟通之后我才得知，小C的父母离异之后，他跟随母亲生活，而母亲忙于打理一家旅游公司，经常出差，根本无暇顾及他。他通常是到附近的姨妈家吃饭，然后回到家。就他一个人在家，没有人陪伴他、关注他。渐渐地，他开始自暴自弃，不学习，并陷入恶性循环。

我继续关注小C。我惊讶地发现他的课桌桌面一尘不染、他的抽屉柜里面书本摆放得整整齐齐。原来，他是一个爱干净、爱整洁的人。我又找小C谈话，我问他："你是否愿意担任班级的卫生委员？""我？"他愣住了，瞪大眼睛看着我，有点不敢相信我的话。"对！你，你可以的！瞧，你的桌面多干净！你的书本多整齐！相信你一定可以把我们的班级教室变得干净整洁。"我向他投去信任的目光。"那好吧，我试试看。"他答应了。就这样，小C成了班级的卫生委员。自那以后，不爱上学的小C变得爱上学了，他到达班级的时间比以前更早了。每天早上来到班级后，他就开始检查班级卫生。课间，他经常会仔细检查班级教室的各个角落，如果发现地下有垃圾，他会把它捡起来扔到垃圾桶里，如果发现垃圾桶里垃圾多了，他会主动去倒垃圾。

为迎接学校的最美班级评比活动，我们重新将教室布置了一番。最后只剩下荣誉墙，需要将所有的奖状重新粘贴，我把这个工作交给了小C。放学后，小C留下来，先将所有的奖状小心翼翼地从墙上取下来，重新整理、修补，规划摆放位置，然后重新贴上胶纸，小心翼翼地一张一张粘贴到墙上，最后再站到远处，仔细观察每一张奖状是否完全与地面平行、与旁边的奖状间距均匀。结果他发现其中有两张奖状稍有一丝丝倾斜。其实如果不仔细看，根本看不出来。我看时间不早了，就对小C说，"就这样吧，你早点回去吧"。小C却摇摇头，说："不行，这样就不完美了。"他坚持要将那两张奖状取下来，重新粘贴，并比之前操作得更加细致。他专门找来尺子，量好了上下尺寸，做好标记，再仔细地对准粘贴上。最后，他的脸上露出了满意的笑容，说道："这样才叫完美！"

我倍感惊讶，小C居然如此追求完美，做事一丝不苟。在他身上，我看到了闪耀的光芒。

担任班级的卫生委员之后，小C变得比以前更自信了，学习状态渐渐改变，他开始听课、写作业、交作业、考试认真答题。他的学习成绩渐渐提高，并多次获得"劳动卫生之星"荣誉称号。9班在校常规评比方面，很少因卫生不达标被扣分，班级多次获得流动红旗。

事例二

9班的小H，是一个标准的学困生，基本不写作业、不交作业，各科老师都头痛无比。经了解之后我才得知，这是因为在小H小学一年级的时候，他的父母就非常关注她的学业，送她去补习机构，在补习机构特别安排一对一辅导。但是她的第一个补习老师经常将手机给她玩，帮她写作业，慢慢地，她迷上了玩手机，作业做得越来越差，学习每况愈下，渐渐地，她成了学困生。

但是，在上课时我经常发现她在画画。有一次，下课后我故意走到小H旁边，看她画卡通人物，并称赞她画得很好，问她是否愿意做美术科代表。她表示愿意。后来，我就在班上宣布小H担任班级的美术科代表。

自从小H当了美术科代表之后，我们班的美术作业上交得总是很整齐，她也经常及时向我反馈美术课的纪律情况，美术课的纪律越来越好了。在小H的策划与主办下，班级的黑板报出了一期又一期，得到了老师与同学们的交口称赞。在学校举办的艺术节活动当中，我安排她组织同学们参加现场绘画比赛，在她的带领下，我们班在学校的现场绘画比赛中荣获二等奖。

渐渐地，班级的黑板报在改变，她开始认真学习，并为她的绘画之梦而努力。

事例三

9班的小Y，父母离异，他随父亲，而父亲工作非常忙，基本没有时间关注他的生活与学习。渐渐地，小Y成了一名学困生。

但是，我发现小Y的运动天赋不错，我安排他担任班级的体育委员。他工作认认真真，尽职尽责。在组织同学们出课间操时，他是班主任的得力助手；在组织同学们上体育课时，他是体育老师的得力助手。

小Y因体育委员工作获得大家的认可，找到了自己的价值，找回了自信。最后他的学习成绩在全年级进步了100多名。

【教育效果】

擦亮我们的眼睛，去发现学困生身上的闪光点，发动他们参与班级管理、担任班干部，让他们都有锻炼的机会，借此成长自我，提升班级。这样的班干部培养方式，对于学生个体或班级整体都是大有益处的。

【总结反思】

面对一个学困生，我们应当给予他更多的关爱，去了解他的家庭、他的成长背景，努力发现他的闪光点。他（她）也可以成为老师的得力助手，他（她）也一样可塑、可造、可成、可就。

看似无心胜有意，插柳班帖渐成荫

深圳高级中学（集团）　孟　斌

【教育背景】

斯坦福大学博士1名、哈佛大学硕士1名、牛津大学硕士1名、美国哥伦比亚大学硕士2名、约翰霍普金斯大学硕士2名、康奈尔大学硕士1名、加州大学洛杉矶分校大学博士1名、南加州大学博士1名、弗吉尼亚大学硕士1名、纽约大学硕士3名、匹兹堡大学博士1名……这是去年2009届"飞异班"高中毕业十周年聚会时的不完全统计结果。该班级全班有三分之二的学生在世界知名高校就读或毕业，而且有一半的人已经回来，报效祖国。毕业十周年聚会时的一项重要内容就是读"野史"班帖。聚会前我们已经做好了准备，我从数十本班帖中抽出三本带到现场，热心同学提前寄到旧金山两本，聚会时视频连线，现场读班帖，回忆书写时的点点滴滴，笑声与泪眼相伴，无声与专注同行。

【事例重现】

（一）班帖是怎么来的

2006年高一时我接手一个重点班，因为是11班，不是1班，学生为班级取名"飞异班"（谐音"非一班""非一般"），表达了他们的自信和不甘落后的追求。对于这个班，我在文化建设上花费了很多心思。比如，师生一起制定班规，让同学们取班名，设计制作班徽、班旗，创作班歌，制定班训等。然而有一样东西却是我没有设计的，那就是班帖。按照学校日常量化管理要求，每天要把班级里迟到、早退、病假、事假、作业、上课、自习、住宿和获奖情况等记录在案，方便统计每个人的奖惩加减分，我也按照常规做法准备了一个笔记本，上面工整写上"班级情况记录本"，由每天值日的班干部填写上报。一次偶然的机会，我在某个同学的桌面上看到了这个本子，上面我写的几个字下面用括号写上了"野史"字样。我满怀好奇，想拿起本子来看看，结果被同学制止："老师，这个您能不能不看？"我说："可以，但还是想知道这个本子干什么用。"同学们告诉我："这只是一个游戏，全班同学每天轮流开帖，其他同学跟帖，老师您暂时不能看。"这个我可以接受，学生很开心。于是这个"野史"班帖就在班级流传开来，换了一本又一本，一直坚持写到高中毕业，有时也让我或其他科任教师开帖，也仅仅是开帖，绝不让看其他的页面，对学生我们得讲信用，说到做到。毕业时他们把本子送给我保管，一摞本子堆起来20厘米高。

（二）班帖有何作用

1. 班帖是身心健康的"治疗仪"

人总会有情绪，处于青春期的青少年总有不少的烦恼，有来自家庭的、学校的、同学的，还有来自自身的。学习、交友、师生相处中总有一些不和谐的因素、不开心的情绪。班帖为同学们提供了发泄情绪的渠道，不管是三言两语，还是长篇大论，写出来了，心情就会轻松很多：关注一下其他同学的跟帖、回帖，有同样愤愤不平的，让自己找到了知音，找到了心理平衡；有知心大姐一般安慰劝解的，让自己明白了人生的道理；也有人发一些搞笑的段子，或画一些幽默的图片，让自己眉开眼笑、身心释然，让他人开怀大笑、轻松无比。比起老师的说教，同龄人的劝解与安慰更有"疗效"。

2. 班帖是师生情感的"晴雨表"

班帖里记录了生生相处、师生相处的点点滴滴：有的融洽，有的不太和谐；有时晴空万里，有时阴雨密布。老师们当然不知道，学生却在相互的发帖跟帖中倾诉、碰撞、思考，逐渐变得成熟与理性。

师生感情其实是很微妙的。常言道："亲其师，信其道。"老师也这么想、这么做。他们钻研教材、写教案、做课件、出练习、认真批改，甚至面批面改，为此付出了不少努力，但是仍然会与个别学生产生冲突。老师面对着种种压力，不仅要对上级负责、对家长负责、对学生负责，还要对得起自己的良心。因此，必然会对学生严格要求，难免会让学生感觉不舒服，有一时的不理解、抱怨、伤心和牢骚。学生通过班帖把这种种情绪发泄出来。他们在写下一个帖子的时候会不由自主地往前翻一翻、看一看，一方面可以了解一下别人之前做了什么、写了什么，另一方面，也可以就之前同学的气话、坏话等重新进行一番思考，这实际也是在进行一次心灵的洗礼。经过时间的沉淀之后再进行深入的思考，学生突然发现自己看问题的方式在改变，能够理解老师的良苦用心了。这就是提高，就是进步。

班帖，这张师生感情的"晴雨表"既是师生情感发展的见证人，也是师生关系不断融洽的黏合剂，还是学生思想逐渐成熟的催化剂。

3. 班帖是才华展示的"博览园"

班帖是一个极佳的才华展示场地。当时学生用电脑并没有那么方便，一方面是因为住校，另一方面也是因为电脑有限，只有教室讲台上的那一台，手机又不准带进校园，上贴吧几乎不可能。所以学生及时调整方向，改变策略，迅速把班帖建立起来，利用纸质的笔记本开始了"野史"班帖书写之旅。班帖可以制造快乐：写帖人讲个笑话，跟帖人画幅漫画，演绎一段故事，为平淡枯燥的高中生活平添了无穷的乐趣。爱画画的人把老师和同学的头像用简笔画勾勒一下，发在班帖里，在同学们的评头论足中想象、描述老师和同学的性格，讲曾经发生在他们身上的乐事糗事，等等，为生活增添一点趣味。爱好音乐的人在班帖上推荐最新的歌曲，或者把曲谱写上，同学看到后，在课间、饭后哼唱，教室里弥漫的是和谐的声音和青春的旋律。喜欢刻章的同学，用石头、橡皮或萝卜刻出自己的姓名、班徽、班章，刻出动物生肖、名言警句，在同学的赞美声中自信心爆棚。班帖也是文学创作的舞台，学完戏剧《等待戈多》，全班同学会围绕着一个话题你一言我一语地写出200条以上的对话；同学跟帖模仿刚刚学过的诗词，结合班级同学特点或学校最新发生的事情填词写诗，虽然有些稚嫩，不太合格律，但也是对诗歌学习的一种促进，是生活情趣的一种体现。班帖也是一个辩论场，有争议的问题，在这里可以自然地形成正反对立的两方。双方通过笔墨进行辩论，阐述自己的看法，唇枪舌剑，针锋相对。如此，思想在碰撞，知识在活用，视野在开放，合作在进行。

每个学生都有自己的优势，也都需要自信，他们在班帖中展示，在同学的赞美中成就阳光的自己。

4. 班帖是疑难问题的"救护车"

学习中总是存在不少问题，有的同学不愿意向老师请教，老师不在学校时也不方便请教，班帖自然成了反映问题的"120"。这里的"医生和护士"很多，有许多经验丰富的"专家"，他们聪明能干，解决问题的能力很强。作业、考试中有不懂的问题总有人能帮助解决，同样一个题可能有多种解法，同学们在班帖这个"救护车"上"现场会诊"，各自提出自己的思路，在碰撞中选择最佳答案。一名同学提供了答案并不意味着结束，还会有另外的同学提出多种解法供同学们选择，在这样的交流中解决的不仅仅是当前的问题，更重要的是提供了解题的思路，锻炼了思维能力，增进了同学友谊，让学生有了更高的奋斗目标。

班帖也是生活问题的"救护车"。"志愿者服务团队"不仅解题能力很强，他们处理生活问题的能力和开展研究的能力也不差。教室里常年备有配套齐全的"救护"设施，前后柜子除了有分门别类地装在一起的学习资料之外，还有专门的医疗箱和工具箱。医疗箱里是师生捐献的治疗常见病的药物，班长把药品名称和常见的治疗范围写在柜门上，生病的同学可以随时取用。稍微大一点的柜子里还有各种常用的工具，如锤子、螺丝刀、钳子、剪刀、胶水等，当教室或寝室里有什么东西出现故障，同学们就会在班帖里发出求救信号，大家看到后会相互转告，志愿者会拿着工具下课后出现在现场，能解决的现场解决，不能解决的就打电话找后勤维修师傅帮忙。

5. 班帖是奇思妙想的"孵化器"

班帖是同学们发表奇思妙想的地方，是可以把奇思妙想变成现实的"孵化器"。十几岁的学生总是会有各种奇妙的想法，尤其是那些聪明又好学的学生，如果我们一味地按照惯常的思维模式去阻止、去限制，也许他们的奇思妙想就被扼杀了，从此夭折在青年的起步阶段。如果能够给学生提供一定的时间和空间，给予一定的鼓励和支持，力所能及地给他们提供一些帮助，如在作业上适当减免，在外界活动或展览中借助家长的力量给予其支持，做好家长们的思想工作，让他们放下考好大学的思想负担，无疑是对他们把奇思妙想变成现实的最大支持。我们班的同学在毕业前有两项发明获得了国家专利：一是小区污水处理系统，在深圳市青少年科技博览会上最显眼的位置进行了展示，获得了深圳市青少年科技创新大赛大奖；二是在2008年湖南冰灾发生后，几名同学在班帖里沟通，想到高压电塔被冰雪压垮，突发奇想要发明一种高压电线自动除冰器。班帖为梦想的实现助了一臂之力。

当然，这些聪明的学生还会想出无数的好点子、坏点子，在班帖里"孵化"，整蛊老师、整蛊同学、整蛊自己，如班级里有自发组织的"绿水搭桥站""询问吉凶"所谓神经错乱者团队，他们在班帖里互相整蛊、调侃，让高中平淡的生活充满了欢乐。

【总结反思】

班级管理宽严适度是个很有难度的问题，也最能体现班主任的管理智慧。教师对于学生做人、纪律和习惯方面的确要严格管理，但是在学习和生活上则要创设一些相对自由宽松的环境，给予学生更多自主学习、自主管理的空间和时间，让他们发挥所长，顺着自己的兴趣走下去，从而获得人生的快乐和事业的成就感。尤其是对于优秀的学生，我们如果一味地统一要求，严加管控，高压施政，会使学生产生心理恐惧，身心受到伤害，这样无助于学生的想象力、创造力以及幸福感的提升。所以，班主任在班级管理中要把握好宽严的度，充分调动学生的主观能动性，全面锻炼学生的自我管理能力，提高学生的学习能力，为学生的未来发展奠基。"野史"班帖这一无心插柳之举能在班级管理中收到意想不到的教育效果，是当初始料未及的一件幸事。

用爱心善待每一个孩子

深圳高级中学（集团）　叶碧云

【教育背景】

我们班上有一个特殊的孩子，常遭受其他同学的欺负。而作为班主任，我所能做的就是在孩子们的心田播撒下爱的种子，让爱欺负人的孩子认识到自己的错误，建设和谐集体，营造温暖的班级氛围。

【事例重现】

九月，又迎来了新一届的初一。

开学后不久，各科老师和学生都发现，S根本无法像其他同学一样正常学习，课堂内容完全听不懂，作业也不会做。接下来的各科小测试或是考试，她的分数都是个位数，有时甚至低至两分或三分。毫无悬念地，她"稳居"全班最后一名，乃至全年级最后一名。幸好，她只是智力不够，平时倒也安分守己。一个比较乖的学生，只要不给我的班级管理带来麻烦，考试拖点平均分也是无奈之事，我能接受，并未责怪她。但同学会欺负她吗？我心里不禁暗暗替她捏了一把汗。所幸，开学快一个月了，我既没见她来告状，也没听闻她被欺负的事，我窃喜。

然而，事情并没有我想象的那么美好。

一天，我准备去班级布置活动，刚走到教室后面，就听到一个男孩L在大声嚷嚷。我加快脚步，迅速躲在教室外，并示意看见我的学生不要出声，我要"静观其变"。那男孩嘴里仍骂骂咧咧的，一只手用拇指和食指捏起一张卷子，一脸嫌弃地冲向垃圾桶。

我喊住了那男孩："你要干吗？"

"我试卷被人弄脏了，我要扔掉。"那男孩见是班主任"空降"，有几分惊愕，不知所措地站在那里，那张卷子仍被吊在半空中。

我立刻走到他面前，拿过卷子左看右看，故作疑惑问道："不是挺好的一张卷子吗，怎么就脏了？"

那男孩低头不语，眼睛却滴溜溜地转，瞟了又瞟围观的同学。我知道，今天的考题来了！"请你到办公室等我，我随后就来。"我不动声色地说。

S同学正坐在她的座位上，见我走过来，她抬起头，微张着口，呆滞的目光在我脸上停留了片刻，缓缓地说道："叶老师好。"我过去轻轻地拍拍她的肩膀，笑道："S同学，你没生气吧？你的心量真大，好样的！"说着，我向她竖起了大拇指。大概是以前极少得到老师的表扬，她见我表扬她，憨憨地笑了。而我却心里一紧：从小她该遭受多少的嘲笑与冷落，她的内心该有多少不为人知的伤痛？

布置好班级任务，我回到办公室。那男孩一脸的惶恐，忐忑不安地站在我办公桌旁边。我搬来一张椅子让他坐下，以舒缓他的紧张情绪。他坐下后，脸上那紧张的神色消散了些。随即，我给他讲了一个在微信朋友圈看到的故事《寿命是靠一点点努力来的》。

男孩听完我讲完故事，若有所思，而后抬起头看着我，怯怯地说："老师，对不起，我错了，我再也不会欺负S同学了。"

我为他的悟性而点赞："你很聪明！但你对不起的不是我。你觉得现在应该怎么做？"

"我向S同学道歉去！"

"好！"男孩单纯善良，知错就改，我深感欣慰。

在接下来的班会课上，我也给全班同学讲述了这个故事。最后，我用故事作者的话强调："记住，一个人说话不可太满，也不应伤害比自己弱的人，更不应欺负比自己不幸的人。""有漂亮的心才有漂亮的一生。"

随后，我也特别引用一些名言警句或微信圈的佳言作为班级的"每日美言"，如：

积善之家，必有余庆；积不善之家，必有余殃。

天道无亲，常与善人。

很多时候，帮助别人就是帮助自己。

……

【教育效果】

班级的班风似乎悄然地发生了变化，学生之间彼此善待、更加团结，紧张的学习生活中也能时常看见他们快乐友善的笑脸……

【总结反思】

学生相处，难免会有小摩擦，但是出现更严重的现象时，班主任一定要及时遏制，否则会对被欺负者造成身心伤害，也不利于欺负他人者的健康成长。所以教师，尤其是班主任，通过讲故事或营造班级氛围，一定要在学生的心田上播撒下善的种子，让它生根、发芽，让学生懂得与人为善、与己为善，懂得包容，懂得付出，懂得诚信待人，等等。倘若学生都能做到这些，何愁其人生之路不宽广？何愁其人生不快乐？

一个缺乏安全感的孩子

深圳高级中学（集团）　张楠楠

【教育背景】

在青春期，缺乏安全感的孩子一般会通过一些"出格""偏激"的行为来寻求关注，而我们能做的就是给予他们爱与耐心，让他们感觉到安全与温暖。

【事例重现】

我们班有一名很特别的孩子，初一开始的时候，她不能正常上学，甚至去特殊矫正学校待过一段时间，在班级也不能很好地融入同学，生活中总是有强迫症的表现，而且特别敏感，缺乏安全感，对陌生环境很抗拒。期间，为了她，我付出了很多。庆幸的是，这朵花最终慢慢盛开了，我的教育悄无声息地在她的心里生根发芽了，滋润着她一步步成长。慢慢地，她像一个正常孩子一样了。

可最近这个孩子又遇到一件事。因为已经到初二了，很多孩子开始思考未来的升学规划，而她则准备去国际高中学习美术。本来，她为这次国际高中入学考试准备了很久，但是在参加这所国际高中英语入学考试的时候，第一次考得很不好，软件也不熟悉，被强制退出了，第二次再考又因为情绪失控，一直哭着做，又没做好，本来还可以做第三次、第四次的，可是，突然间她就情绪失控了，死活都不想再做了。她妈妈对她很生气，但又束手无策，就给我打电话。我对她妈妈说，孩子的内心太过敏感，尤其又是青春期，遇到挫折的事情自己不会化解，这很正常，所以我告诉她妈妈要稳定情绪，多安慰她、陪伴她，尤其这个时候她缺少心理支撑，最亲密的人的话其实对她很有帮助，也最能影响她。而且，正好她遇到这点挫折，可以乘着这个机会让她自己独立成长一下。著名心理学家马斯洛说："挫折未必总是坏的，关键在于对待挫折的态度。"而挫折教育的出发点和归宿，也正是引导孩子在经历挫折的过程中培养独立的意识和坚忍不拔的品质。她的短板就是面对挫折时的情绪控制和应急处理。其实，她的这些行为的大部分原因就是缺乏爱与安全感，所以她才做出一些"出格""偏激"的行为来寻求关注，而我们能做的就是给予爱与耐心，让她感觉到安全与温暖。她妈妈对我这番言论非常认可，也就没再强迫她参加考试。

【教育效果】

令我高兴的是，最后，在她妈妈和我的多次引导下，她顺利通过了考试。

我相信，有一天她在面对挫折时，能够学会独立管理好自己的行为与情绪。

【总结反思】

一般来说，有安全感的孩子情绪稳定，性格坚定平和，遇事不会惊慌失措，能较好地融入与同学的交往关系，能现实、理智地处理生活中遇到的难题。缺乏安全感的孩子则表现为情绪波动大、胆小怕事、社会回避、自闭、性格孤僻、承受挫折的能力弱等人格倾向。根据我对她的整个家访来看，造成她安全感缺失的一个主要原因就是她父母情绪的影响。如果一个孩子小时候在成长的过程中，其父母因"个性因素"或婚姻关系发生冲突，就会导致孩子情绪不稳定，或者焦虑、烦躁、恐惧等负面情绪太多，会直接导致孩子的安全感缺乏。

教育无偏见

深圳高级中学（集团）　彭　耀

【教育背景】

苏霍姆林斯基说："每个孩子都是一个完整特殊的，独一无二的世界，无论他过去有过什么样的错误，我们都要平等对待他。我们教育的目的，是让每一个从自己身边走出去的人，都拥有幸福的精神世界。"

【事例重现】

2019年9月，一接手初三×班，我就要面对班上一个问题学生。某同学，在初二做出了让全校震惊的事情：一是对女生"性骚扰"，班级上传得沸沸扬扬，甚至有女生家长强烈要求他退学；二是他有一次坐在四楼走廊的栏杆上，老师怀疑他有轻生的念头！

听完别人对这个班级的讲述，我心里开始有阴影了。然后，我接触了班上的女生，她们都说：老师，您知道××吧？你可得小心了！

还有男生说：彭老师，你知道××吧，嘿嘿！

难道我的从教生涯会在这里遭遇滑铁卢？开学前几天，为这事，我思考得有点头疼。

想是没办法的，得做。我首先找到了肖老师了解孩子的情况，然后看了下孩子的照片。哦，我想起来了，去年某天早上吃完早餐，我和肖老师一起进班时，在楼梯处碰到的正是这个孩子，他还主动和我们打过招呼。于是，8月31日下午，我到教室后走到他面前，说："懂礼貌的××同学，我们又见面了！"他看着我傻笑。顿时，我心里的石头落地了，因为从他的眼光中，我看到的是对我的善意！

我没有刻意去找他谈话，只是每天早读检查作业到他那，我都会故意跟他开个玩笑。每次，他都会撇嘴傻笑。我还发现他喜欢跑到老师办公室，东看看、西晃晃，当老师跟他说话，他又惊慌失措地跑掉。于是，他到办公室我都会主动讲话，有时还会追出去跟他聊几句。

接着，我发现，由于初二的两件事情，很多同学还是排斥他。于是，我又找了班上品学兼优的高同学谈话，希望高同学能够帮助他。高同学满口答应。

随着我对该同学的逐步了解，我发现这个孩子其实是个单纯的孩子，很多东西他都不懂，他妈妈对他管教严格，甚至到了初三还不准他看电视。

我又找了班长，让她多留心该同学，请她和其他班干对该同学初三以来的表现进行评价。当然，我也会发表我的看法。一段时间后，班干部对他的看法逐渐发生了转变。

有了高同学和班干部的协助，我对他慢慢放下心来，让他和高同学一起坐在女生旁边，非常正常。

只是排座位时，他主动说要继续和高同学同桌，我悬着的心慢慢放下来了。

【教育效果】

每天的玩笑拉近了我和他之间的距离，他的笑容增多了。我相信未来一定会有更多阳光照进他的心灵。我让高同学留意他课间的举动，有问题及时告诉我。一个学期过去，"西线无战事"。

网课期间，他有时还故意发消息过来开我的玩笑，或者自我调侃他的考试成绩。我想，他应该是走出来了。

【总结反思】

作为一名教师，我做的事情可能微不足道。但是，我想我的笑容和对他信任的玩笑一定会感染他，他也一定能感受到了我的善意和关心。

无论孩子有着怎样的过去，我们都要重新审视他，以师者的善良和爱心去关注他。希望每一个从我们身边走出去的孩子，都拥有正常的精神世界。

教育，不仅仅是知识传授

深圳高级中学（集团）　黄阳榕

【教育背景】

教育之花需要用心浇灌。营造像家一样温暖的班集体，能让学生喜欢来班里上课，也能让家长放心把孩子送到学校。教师和学生的相处，不仅要有知识的传授——课堂教学、布置和批改作业等，还要创造一些除了学习以外的记忆，这些记忆既会深深留在孩子心中，也会永远留在家长和老师的心中。

【事例重现】

2019年11月22日，同学们结束了初二学年为期两天的运动会，准备从操场搬凳子回班级，他们一推门就被"吓到"了：家长早已准备好了美食迎接孩子们！这次的"美食班会"活动是我提议的，由家长和几名班干部联合组织，是家校共同参与的一次班会。班干部提早布置好了班级，美丽能干的妈妈们纷纷展示自己的厨艺，提前准备好了各式美食——烤鸡翅、炸鸡腿、泡椒凤爪、蛋糕、披萨、水果、奶茶等。

"美食班会"的缘起是这样的：就在"美食班会"的前一天，我班参加了一年一度的运动会入场仪式。而为了这次入场仪式，一个月前，我组织学生头脑风暴，最后确定了以"科技兴国"为主题，将团队命名为"复兴号"缓缓入场。经过放学后的多次排练，同学们在入场仪式上展现出了最好的团队状态，传递了"科技兴国"的理念，获得了年级第四名的好成绩，同时，在运动会的比赛项目上奋力拼搏，也有不错的突破。因此，为了表扬、鼓励同学们在本次运动会上的良好表现，我们策划了本次"美食班会"。

"美食班会"开始，生活委员组织为11月过生日的同学庆生。大家唱着《生日快乐》歌，小寿星们拿到了属于自己的贺卡。贺卡上写着老师和同学们的祝福语。据苏同学说，这是第一次有这么多人为他庆祝生日，第一次收到老师和同学们手写的贺卡，是他过得最热闹的、也是印象最深刻的一次生日。

接下来，班会由体育委员主持。他宣布了本次运动会班级取得的成绩，同学们爆发出热烈的掌声。科代表们还特别细心地邀请了科任教师参加美食会。接下来是同学们大快朵颐的时间。

同学们享受完美食后，文娱委员组织同学们唱歌、跳舞、玩游戏，余同学主动献舞，带来了整个班会的高潮。所有在场的老师、学生和家长都融入班会的欢乐气氛之中。

班会结束后，同学们都主动留下帮忙收拾，让家长们先回去休息。我记得李同学说："妈，你回去吧，这里我们来收拾就行！"李同学在学校能这样想、这样做，说明在家里他也一定会主动帮忙家务。而且他很有同理心，懂得家长的辛苦。

尤其让我惊喜的是，平时不怎么参加学校活动的一个家长，这次也主动报名，做了一大盆自己的拿手好菜"泡椒凤爪"。我也慢慢感受到，班级的活动家长们都看在眼里，哪怕再忙也会努力抽时间来融入班集体。班集体是学生的班集体，也是家长的班集体。家长的付出、同学们的肯定也激励着我更加用心地去带好班级，不负期待。

【教育效果】

我曾经布置学生写过主题为"和老师相处印象最深的一件事"的随笔，很多学生提到这事。那时，同学们奋战许久的期中考试刚刚结束，"美食班会"是一次放松良机。他们觉得老师和家长给的惊喜，不仅让他们放松，也让他们感受到了集体的温暖。也是这次班会，让他们看到了老师和家长有像他们朋友的一面。这次班会也让我感受到了为人父母的良苦用心，家长们倾尽全力参加孩子的班级活动，用心陪伴孩子成长。

【教育反思】

一个完整的教育，不仅仅是知识传授的过程，更是师生共同生活的过程。在劳逸结合的学习过程中，我更想向学生传递这样一个学习观念：学习的时候好好学，玩的时候好好玩。做一个学生喜欢的老师，不仅要教学本领过硬，也要做一个生活有心的老师。"亲其师，信其道。"生活中那些你已经忘记了的付出：学生身体不适，你伸出搀扶的手；学生找不到书包时，你放下手中工作的关心和行动；学生过生日，你公开的一句祝福，手写的一张贺卡……这些对老师来说微不足道的分内之事都深深烙印在他们的心中，可能连老师都忘了，但学生不会忘。这样的教育互动不会停下，因为教育就是生活的一部分。

习惯改变命运

深圳高级中学（集团）　徐连霞

【教育背景】

好习惯的养成对于个人的发展至关重要。初一学生刚从小学过渡到中学时期，培养他们养成良好的学习习惯与生活习惯虽艰辛，但势在必行。

【事例重现】

期中考试前的那个周五，学校要求所有班级放学后大扫除并布置考场。在这之前，我刚组织班级学生布置过成人考考场，而且每天的卫生打扫我都有现场播放教学视频给班级的所有学生。我想着学生已经有了一定的经验，可以让他们自己动手完成，顺便考察一下班干部的工作能力，所以那天下午我让值日生和两个班长、两个卫生委员留下来布置考场。我担心他们在学校规定的时间内不能按要求完成考场布置，决定站在讲台上督察。当其余学生将自己的东西全部带走离开后，值日生和班干部们就开始行动了。一开始还像那么回事，很快我就看不下去了：扫地的同学拿着扫帚东扫一下西扫一下，还有说有笑的，根本不看地面扫得如何；拉桌椅的同学只管往出拉，也不管教室里剩余的桌子够不够用，拉出去后还打打闹闹地不按要求摆放，导致教室外面凌乱不堪，严重阻碍了其他班级学生的行走；而我最近地擦黑板的同学用抹布擦完黑板后不洗抹布就直接擦讲台，教室里的桌椅就那样乱扔着根本没人摆放……眼看其他班级都布置得差不多了，学校领导也快要过来检查了，学生们还是玩得不亦乐乎，根本不知道他们留下来的任务是什么，我当时就火大了，冲着几个班干部直接开喊："你们到底在干什么？你们看看其他班级，人家都要布置完了，你们呢？你们不知道自己是干啥的吗？你们看自己扫的地，扫完了还到处都是垃圾，拉桌椅的只管拉，教室里剩的桌椅还够吗？不够是不是还要再拉回来？闲得没事干吗？教室里的桌椅就这样了，也没人摆一下？还有黑板，我以前就是教你们这样擦黑板的？就是教你们这样打扫卫生布置考场的？你们是不是不想回去了？不想回去就继续玩、继续打闹，我陪你们！"当我停止讲话后，整个教室安静了下来，没人说话了。静默一会儿，我也冷静了下来，觉得这样下去不是个事，再加上有时间的限制，我只能亲自上阵，指导他们重新打扫布置。最后，我们终于在规定的时间内按照要求完成了任务。

事后，我找班干部进行了谈话，告诉他们我放手让他们自己完成任务的最初目的以及我最终看到的结果，还有两者对比所反映出的问题。经过自我反思及意见指导，我表达了对他们的期望，希望他们从中汲取经验和教训，再接再厉，发展自我的同时带领班级同学一起进步成长。

【教育效果】

初一学生的学习能力弱，自控能力不强，不能过早给他们自主权让他们自主行动，否则会适得其反。教师应当时时关注其变化，及时加以引导，让学生在内心理解并接受的基础上慢慢改变。经过一段时间的考验后，我们再适当地赋予他们部分权利去实践，让他们在实际活动中去检验自己的能力，并适时地给予他们反馈与鼓励，这样才能让学生真正养成好习惯。

【总结反思】

初一学生行为习惯的养成虽艰辛，但势在必行，作为教师，一定要冷静、耐心、有效地指导学生。

负"债"前行

——动员家长耐心合理关注孩子教育

深圳市高级中学（集团）　陈泽君

【教育背景】

第一年带毕业班，班内同学由于学习压力陡增导致学习跟不上，班级的学习氛围不够浓；家长焦虑，每周都有两三个晚上有家长咨询与反馈孩子心理和学习问题。本文讲述我在第一次初三家长会上动员家长积极配合，以及帮助孩子更好、更愉快、更有效地学习的案例。

【事例重现】

我早就听说过开家长会是一项体力活，没想到这么累。我们班的家长会从下午的4点35分一直开到7点，由于这期间没喝水，也没有吃东西，当我开完家长会走出办公室，竟然有一点飘飘的感觉，既如释重负，又倍感疲惫，此时依然有家长留到最后继续跟我谈孩子的问题。

我带这个班也有近一年了，孩子们对我的工作还是很支持的，家长也还算比较配合，班中出现的状况被我处理得还算妥当。可是毕竟是年轻班主任，又是第一次带毕业班，我内心比较担心能否调动起家长对孩子学业关注的积极性，从而促进家校共同行动起来备考，而不是简单的焦虑。

焦虑不仅不能解决任何问题，还会使问题更复杂、更严重。

三天前我就已经准备好了翔实、具体的学习数据，即孩子们的学习表现。班会当天六点半，当我作为最后一位老师站上讲台的时候，我发现，家长会实际上才刚刚开始。看着一双双饥饿疲惫的眼睛，我的眼睛落到了沐沐同学的座位上。

沐沐是一个白皙胖胖的女生，因为体型胖遭到个别同学的嫌弃，甚至有些同学不愿意与她同桌。为了这个问题，我也没少帮助调解缓和。初二的时候，她经常喊我"小仙女"，不喊我老师，最后整个班都喊我小仙女，再后来，整个年级的老师都知道我就是那个"小仙女"……

沐沐有一个特点就是特别爱说话，个性比较耿直，但这个孩子的心地是很善良的。可是为什么她就不招同学们的喜欢呢？更严重的是，初三以来，她的成绩落到班级倒数第五名。

我经过深入的观察和了解，发现原来事出有因。

青春期的孩子心里也许都藏着一些小秘密，一旦被揭穿，他们就会拼命地掩饰。

这个班初一的时候，我还没有带这个班，沐沐同学发现有两个同学平时走得非常近，一个短发女生和一个黝黑高瘦的男生，还看到了他们写的小纸条。

作为一个耿直的女孩，她在放学后，在班中大声地把他俩的事说了出来。等那个短发女生回到班上时，听说了这件事后，又气又委屈地哭了起来。从那以后那个短发女孩就开始鼓动身边的女生不跟沐沐玩，班上的同学渐渐地开始不喜欢沐沐同学了，沐沐同学也不怎么跟班上的同学一起玩，一下课就跑去隔壁班找另外一个女生聊天。

当我了解了这些情况以后，并没有深究这些青春期的孩子之间发生的小事的具体对错上。我认为改善孩子们的心情最重要，孩子们的心情好了，他们表现自然就好了，只有表现好了，他们才会把精力放在学习上。

【教育效果】

我有意让沐沐担任科代表，其实并不是真要让她做好什么，而是为了给她找一个好朋友——我的另一个科代表西西，因为西西会拉着沐沐收作业，发卷子，下课就会热闹一点。

沐沐的爸妈因为怕这唯一的孩子上不了高中非常焦虑，便主动联系我，研究孩子存在的不足，希望我能多给他们一些建议。于是，我跟他们进行了长达一个半小时的深入交流。我了解到孩子的妈妈常年因为工作忙很少陪伴在孩子的身边，在孩子幼年的时候，陪伴她的主要是父亲。现在，孩子的母亲突然想管孩子的学习，她出现了很强的逆反心理，跟同学之间发生的事情也从不跟父母交流。

于是，我通过做孩子母亲的思想工作，让她在即使工作日再忙也要抽出两个晚上陪伴孩子、关注孩子，从学习和身体两方面去帮助孩子备战中考。

沐沐因为比较胖，又不喜欢锻炼，体育非常差，因此根本没有办法在中考体育中占据优势。但只要慢慢地提高体能，督促孩子多跟着学校的训练计划，是可以提高体育成绩的。

对于文化课的学习，由于沐沐学习上的惰性强，原本成绩也只是中下的位置，再加上初三学习难度的增加，数理几乎没有跟上，目前已接近倒数第五六名了。

通过跟家长的沟通，有家长的关怀而不是强硬的压制，沐沐的心情确实有了很大的改善，同学关系也缓和了。现在，她的学习状态有所上升。正因为如此，我想我应该把这样的经验在全班中进行推广。

【总结反思】

家长的所有付出都是希望孩子有一天能成长、成才。从某种程度上来讲，养孩子的其实就是搞一个家族企业。

我们的身边普遍存在两类家长：

第一类家长会有这样的想法：孩子是一个个体，要让他自由发展，长成他自己的样子。

这个想法看起来很好，可孩子的成长是很难离开家庭的塑造的。世界各地都有狼孩例子，这些人类的小孩被狼群养大后，再回到人类社会是根本无法正常生活的。所以，我们没有理由让自己的孩子自由生长，他只能长成自己家庭以及其他社会环境综合影响下的样子。因此，努力改善家庭环境等一些可控因素是父母应该做的，而不是说一句"只希望孩子快乐健康就好"这么不负责任的话。如果没有一个好的家庭环境，拿什么去让孩子快乐和健康？

另有一类家长会把孩子作为一个不得不去经营的"负担"，我们称为"甜蜜的负担"。他们知道这个负担就像负债一样，搞好了是优良负债，比如10年前在核心地段贷款买了房，虽然是负债但是后期回报很大。但如果搞不好就成为不良负债，就像慈母多败儿那样的孩子，只管不停地向父母索取，最后却搞得家庭破碎。

一旦引入"负债"这个概念，那么投入就是要产出的：不计成本的投入，就是溺爱；有条件的付出才可以产出效益。这是不是说孩子不需要爱，不需要关心了？不，这是要知道最重要的是什么。比起迁就退让，制定规则更重要；比起毫无原则地袒护孩子，赏罚分明更重要；比起过于严苛，留给孩子交流的渠道更重要。可以毫不夸张地讲，用于企业管理的一系列措施，都可以用到家庭中。唯一的区别就是，企业可以破产，家庭的血缘关系不会割断，但家庭同样会破产，即夫妻关系破裂。

我们要尽量把重心回归到孩子的成长身上，而不是简单地批评施压把焦虑带给他们。经过初三关键的家长会动员以后，班级的学习氛围开始浓起来，沐沐同学的成绩也开始上升，最后在中考体育考试后，她非常激动地跑来告诉我，她体育考了21分，终于及格了。不仅如此，她的文化课成绩也让她考上了一个很不错的公办学校。最开心的还有她妈妈。后来，她妈妈也认为，不管父母在外的成就有多大，回到家中把孩子这个"企业"经营好才是最重要的。

关爱，从了解开始

——阿斯伯格综合征

深圳高级中学（集团）　张楠楠

【教育背景】

自闭症的孩子往往有一种常人难以理解的思维模式，尤其对于自闭症中比较鲜为人知的"阿斯伯格综合征"。患有这种疾病的孩子通常会以一些"出格""偏激"等一系列不被人理解的交流方式来与人交往，而这种方式是他们寻求关注的特有方式。而且，由于他们的行为方式一般都不太会考虑别人的感受，所以别的同学常常特别讨厌他们的行为方式，会敬而远之，进而导致其人际交往的失败。但是，任何人都需要交流、渴望交流，需要一个空间去展示自己、释放自己。而我们能做的就是给予他们理解与爱，让他们感受到关怀和温暖。

【事例重现】

我们班有一名很特别的学生，从初一入学的第一天起，我就发现了她的特别之处——她上课是需要外公陪同的，自己不能正常上课。因为她上课的时候总是会发生一些非同寻常的事情，随时随地需要"灭火器"，而在小学6年的时间里，外公一直在承担这个角色。她在班级极度渴望融入同学，生活中有阿斯伯格综合征的表现，而且特别"有创意"，总能用别人意想不到的方式，在课堂、办公室、总务处、图书馆以及学校的每一个角落以她特有的方式留下她的印记。为了她，我付出了很多时间、精力，当然也为她及她的家庭扛下了很多方面的压力。在开学的第一天，我看到这个女孩的时候，默默地在微信的朋友圈写下了一段话："小诗诗让我措手不及，但我依然相信每个孩子都是天使，我想她会慢慢变成特别招人喜欢的孩子，这会让她受益一生，虽然那时候她可能不记得我了，但那不重要。"当然，我也为这句话付出了很多，包括午夜被其他家长打电话骂哭两个多小时。她在学校所做的每一件事，每一个同学、每一位老师、每一名管理人员都要求我第一时间出面还他们一个"公道"。还有为了防患于未然写的长达十几个小时的材料，以及监督到位涉及她的每一个细节，包括她的安全以及别人的安全。那个时候的我很郁闷，觉得每天都有一大堆事情需要我处理，很多问题需要协调，需要不断地寻求合理的解决途径，尤其是小诗诗的父母不好沟通，而其他家长将这个孩子对学生课堂学习的效果的影响扩大，把自己家孩子学习问题归咎于这个孩子在班级中的影响，再加上我是一个经验不足的年轻教师，这给我的工作带来了非常大的挑战。我哭完之后慢慢睡去的状态时有发生，幸好有领导的协助和朋友的安慰，加上自我的调解，我战胜了自己。最终，令我欣慰的是：小天使最终在我"处无为之事、行不言之教"的教育浸润下，和其他同学可以有一些适当地交流，如我和几个同学会适度地陪她玩，我没课的时候也会陪她聊天，给她一个发泄的出口，等等。

【教育效果】

苦心人，天不负。时间如白驹过隙，虽然有段时间对我来说特别煎熬，但经过三年的时光，我很开心地看到小诗诗在初三毕业的时候被美国的Freeman Academy录取。那一刻，我既欣喜又激动，我觉得所有的困难和委屈都值得。

【总结反思】

阿斯伯格综合征个案并不少见，大约每500个人中间可能就有一个，其主要特点是自我中心、行为幼稚、注意力分散、情绪波动。不过因为它的特殊性，有阿斯伯格综合征的学生总会被大家忽视和不理解，这反而让该类学生被孤立、受唾弃。得不到适当引导，他们的非凡才能也无处施展。

对于阿斯伯格综合征的个案极其需要耐心、谨慎地处理，其中，是否需要去医院鉴定便非常值得思考。如果学生能独立生活和处理问题，本身没有出现焦虑抑郁等症状需要药物去控制的，建议不用刻意带孩子去医院鉴定，因为阿斯伯格综合征暂时没有药物可治。另外，带学生去医院检查，容易被"贴标签"。也许会给这种敏感独特、难以理解别人情感和思维的孩子带来更多焦虑不安，家长亦然。其实，与其说它是一种疾病，倒不如说这类孩子有一个很特别的大脑。这类孩子是一种具有特别个性的孩子。必须指出的是，尽管孩子的行为有些怪，但是阿斯伯格综合征的孩子不是精神病；尽管他们在学校里面惹了很多麻烦，但是却是完全可以教育的。如果教育得法，一些阿斯伯格综合征的孩子将来可能会很有出息。英国研究历史名人传记的学者，认为爱因斯坦、牛顿、米开朗琪罗、约翰·纳什以及比尔·盖茨等也可能是阿斯伯格综合征人士。

对于阿斯伯格综合征的孩子的教育，发育障碍领域著名专家邹小兵提出必须遵循以下教育三原则：

原则一：对孩子行为的理解和容忍。我们首先必须理解他们，其次要学会容忍孩子。

原则二：问题行为的矫正。首先，家长或老师可以用"ABCDE法"在一本专门的记录本上记录孩子的问题行为。其中，A是指异常行为的原因，B是行为表现，C是行为的后果，D是对该行为处理的方法，E是处理措施的效果。其次，通过诸如对孩子问题行为的"角色扮演游戏""问题行为（录像）分析"或"正确行为示范表演"等形式，可以在相当程度上教育孩子人际交流技巧，减少孩子在学校的外向性破坏行为。最后，对孩子的良好行为进行及时与恰当的奖励和对问题行为的温和与恰当的惩罚（不包括打骂）可以明显改变孩子的在校表现；学习和生活尽可能程序化；家长和老师在发出指令时，给予阿斯伯格综合征的孩子更多的"选择权"，或更多一点商量的口吻。

原则三：特殊能力的发现、培养和转化。阿斯伯格综合征的孩子或多或少都有一些特别能力，这些能力的发现通常依靠家长的敏感和平静的心态。因此，家里应该准备足够的有关教育的玩具、书籍或素材，家长应主动参与孩子的游戏活动，并在大量的阅读、游戏活动中发现孩子的兴趣所在，以此为基础加以引导和培养。有众多证据表明，很多阿斯伯格综合征人士成年后从事的职业往往与儿时的特别能力有关，并且非常优秀。因此，我们要对阿斯伯格综合征孩子的特殊能力给予一定的关注并适当进行培养。

路虽远，行则必至

深圳高级中学（集团）　郭　帅

【教育背景】

2018年9月，刚刚毕业的我接手了现在任教的班级，49名性格各异的少年就这样走进了我的生活。我看着大家稚气的眼神，一种忐忑感油然而生，不知道自己能不能控住全场。在接班之前的实习时，我发现身边的班主任都是不怒而威型的，这对我来说真是天大的挑战，从不发火的我甚至都没有大声跟别人争辩过，这样的性格是否能够胜任班主任一职呢？

果然，开学两周后，任课教师和一些同学开始投诉我们班级的纪律问题，这令我大为头疼。我反思了自己的处理方式——一般来说处理问题学生的方式都是批评和否定为主，而这也是我不擅长的领域。学生并没有通过我的批评教育认识到问题所在，因此积攒的问题越来越多。

【事例重现】

我们班里有个男生每天在课堂上接话，课下和其他班级的同学打闹，满口谎言，这是我对这个小男生的全部认识。后来，我了解到，他的妈妈是一位家庭主妇，把自己的全部精力都放在了孩子身上，但是她的教育并不得法，孩子没有自己生活的空间，而且她经常给孩子传递一些负面情绪，传达一些不正确的价值观，甚至把学校和学生放在对立面上来考虑事情。周围的同学对他也有很大意见，甚至有人不堪其忧，跑到我的办公室来要求我帮他调换座位。家长也是议论纷纷，我收到的投诉越来越多。

上个学期，我无数次与这个男生的家长进行沟通，一次又一次充满希望又失望，再希望又再失望……我不知不觉已经走出了教师的这个身份，扮演了一个律师一样的角色，疲惫不堪。一方面，我想要维护这个不被喜爱的男生；另一方面，我希望他能减少对别人的干扰。可是，残酷的事实告诉我，教师不是万能的，有时候无论我怎么努力，也无法改变原生家庭造成的一些问题。

既然无法改变他母亲的状态，那我是否可以尝试着从母亲的角度去解决问题？这个男孩子缺乏的是正确的引导，那我在学校里如果多给他一些关爱，情况会不会变得不一样呢？从那时候起，我便给予他更多关注，花费更多精力在他身上。上课的时候，我用关爱的语气提醒他，让他知道老师是在意他的；下课时，我增加了跟他的交流，并在他表现出色时给他小奖励。有一次，在早读上课前，我在楼梯口遇到了这个男生，他看到我感到很慌张，害怕我会说他又迟到了，我从他的眼中读出了他的担心，我拍拍他的肩，跟他说，你快跑两步，只要你在我前面进教室，今天就不算你迟到。他露出了不可置信的表情，随后快步跑进了教室。

【教育效果】

从那以后，他再也没有迟到过。慢慢地，这个男生愿意跟我说话了，也更愿意跟我分享他自己的经历了，他在班级的表现也越来越好。

【总结反思】

我想说：老师也是"原件"啊，学生是我们的"复印件"。算一算，学生每一天和我们相处的时间远比和父母相处的时间长得多，我们的一言一行无疑影响着学生。当我意识到这点时，我看学生就像看到自己的弟弟妹妹一样亲切。从此，我的情绪比以前好了许多。原来爱有如此大的魅力，这是我以前所没有发现的。我用孩子能听懂的语言跟他们进行沟通，经过慢慢磨合，我开始对他放手，从每天像保镖一样的关注他，躲在角落里静静地观察。我发现，他比我想象的更优秀。这个男生不知不觉也开始主动做扫除、夸赞科任教师、上课举手回答问题了，虽然次数不多，但是这些都是之前我想都不敢想的。我经常告诉孩子们：人生不是一场短跑比赛，而是一场马拉松，有些人跑得快些，有的人跑得慢些，你们未来还有很长的一段路，千万不能嘲笑开始跑得慢的同学，因为你不知道后来他会不会远远地超过你，所以，要谦虚、要踏实、要互相帮助。

手机风波

深圳高级中学（集团）　张静静

【教育背景】

手机在我们的生活中非常普遍，几乎人手一部，人们利用手机进行办公、学习、娱乐已成为一种习惯。对于学生关于手机的使用，大部分家长和老师认为最好是敬而远之，原因是担心学生自控力弱，不能合理使用手机，进而耽误学习。无论学校还是家长都明确提出学生不可带手机进校，严格控制学生用手机的时间或者干脆不让碰学生手机。在这种情况下，有些学生偷偷玩手机，沉迷游戏或网络聊天，无心学习，不断封闭自己，亲子关系也变得愈发紧张。这个时候，老师和家长及时介入，建立有效沟通就显得尤为重要。

【事例重现】

小莫同学是班级里公认的乖乖女，上课积极回答问题，老师和同学都很喜欢她。有段时间，我发现班里有几名学生沉迷于玩手机。在与家长的沟通中，小莫妈妈很自豪地说，孩子很听话，从小就不看电视，也没有手机，偶尔会用我的手机查查资料。小莫妈妈笑称，会稍微担心孩子跟不上时代，同龄人玩电子产品很厉害。

离中考还有3个月的时候，小莫上课老是走神，家长反映小莫在家变得不爱说话，晚上很晚才睡。小莫是在学习吗？可是，她成绩有明显的下滑。家长也不清楚孩子晚睡的原因，说小莫没有手机，不可能是在玩手机，成绩方面也没给过她压力。

我找小莫聊天，小莫有些抗拒，不怎么讲话。

问题出在哪呢？

我开始找与小莫关系比较好的同学聊天，旁敲侧击地说起玩手机的事情，担心小莫的状态持续下去会影响中考。小悦同学忍不住说道："老师，小莫最近认识一位网友，老是缠着小莫聊天。"

小莫的手机从哪里来的呢？网友又是怎么认识的？

小莫的妈妈也发现了端倪，以为她是早恋了。通过了解，我才知道，小莫的网友是名女生，与父母关系紧张，思想比较偏激，小莫希望通过网络聊天安慰她，也让自己逃避现实的压力。小莫妈妈尝试与小莫好好聊一聊。小莫妈妈说：只要你自己努力了，成绩好坏都没有关系的。可小莫觉得妈妈说的这些不是真的，只是表面上的不在乎。每次她考得不好，妈妈总是笑着说没关系，可妈妈越说不在乎她心理压力越大，还不如骂她一顿。现在，妈妈除了问吃什么，还有什么可以说的呢？小莫妈妈听了顿时语塞，打电话找我，希望我能跟小莫好好聊一聊，说服小莫将手机归还他人。

我几次找小莫聊天，都没有什么进展，只能咨询心理医生，心理医生建议我与小莫直接沟通。多次沟通交流后，在一天放学时，我看小莫在操场上跑步，就陪着她跑了一段。然后，我跟小莫闲聊，肯定了她的善良与乐于助人，并表示对她最近的学习状态有些担忧，希望小莫能将自己的学习状态及时调整过来，希望她能聊聊怎样合理使用手机。小莫说，之前妈妈管得严，基本上不用手机，偶尔有机会接触到手机，就很想联系以前学画画时认识的朋友。有位朋友现在也是初三，跟父母关系不好，需要她的帮助，她们是在相互鼓励。小莫说，在网上聊天可以无话不说，比较轻松。能有个放松自己的方式很好，可怎样才能让小莫的上课状态调整到最佳呢？小莫说自己从未在课上玩过手机，手机会物归原主，以后熬夜减少，上课状态会慢慢调整过来的。

手机被寄走的那天，小莫妈妈悬着的心终于落地了，可是问题并没有得到真正解决。随后，我找到小莫妈妈，希望小莫妈妈可以正面说出对小莫的期望与担心，小莫是个懂事的孩子，她希望能和父母开诚布公地聊天，希望自己被尊重，父母对孩子有适当的期望是正常的；要注意孩子的心理问题，培养孩子受挫的能力也很重要；对于手机问题，不让碰手机反而会适得其反，激发她对手机的兴致，可以培养孩子合理利用手机。

【教育效果】

这次的手机风波让我重新审视了学生使用手机的问题，时刻提醒我要关注学生心理的变化。因为玩手机和心理变化的影响，小莫没有考上最心仪的学校，但也考上了一所不错的学校。看到小莫在母亲节时送给妈妈的画，我心里感觉特别欣慰，阳光积极的女孩终于又回来了。

【总结反思】

手机是这个时代的产物，强制不让学生玩手机反而会适得其反，易激发学生对手机的兴致。合理利用手机更重要，这是家长和教师要做好的功课。在此期间，父母和教师要注意观察学生的心理变化；在跟学生谈论问题时，要有耐心，多倾听学生的想法，引导他们提出可行性的建议。

用包容等待成长

深圳高级中学（集团）　张静静

【教育背景】

刚刚毕业的我初次担任班主任，遇见刚刚进入初三、年少懵懂的他们，个性鲜明，思想独立，追求平等。他们敢于表达自己，可能有时候会有些口无遮拦。对于这样的学生，我们应多一点包容，寻找合适机会稍加教育就可以。最让人担心的是青春期叛逆心理严重、缺乏关爱、我行我素、不愿与他人沟通的学生。还是新手的我，遇见这样的学生，首先要表现出足够多的耐心，积极求助并寻找解决问题的办法，希望爱与包容能够激励学生健康成长。

【事例重现】

作为刚刚当老师的新手，与其称我为班主任，学生更乐意叫我静静姐。因为年龄相差不多，我平时比较爱笑，爱鼓励他们，手机里基本上都是他们的照片。有时，他们会有些闹腾，这个时候我会很严厉，而我的一些小朋友却在暗暗为我担心，怕我因为笑没了气场。他们会小声提示我，不要笑，一笑就没了气场。如果我没笑，他们会说，老师你刚才气场很足哦。其实，我想用我的爱笑、年轻与他们搭建良好沟通的平台，师生畅所欲言，共同成长。

在短暂的班主任旅程中，我和他的故事让我有了更多的包容与耐心。

他是我进班第一个看到的学生，头顶黄色波浪卷，特别的醒目。走近，他身上还有一股烟味，一副你别招惹我，我也不搭理你的表情。我找他谈话，他总是用"无所谓""随便啦"来应付。难道，这是在试探我的容忍度？还是纯属挑衅？我说，不管怎样，你今天必须把头发剪短，染成黑色。刚开始，立规矩很重要。然而得到的回复却是"再看喽"。我气得想跳脚，还得保持微笑。不得已，我跟家长再次打电话强调头发的事情。他的头发最终是剪短了，然而，他更加不愿与我交流了。

该怎么转化他的不良习惯呢？我沉思良久。

我再次打电话找他以前的班主任讨教经验，与同学、家长聊天了解他的情况，发现初一时他的父母感情破裂，每天争吵不断，为让他避开争吵，不顾他的强烈反对，给他转了学。从此，他开始消沉，沉迷游戏，经常迟到、旷课，以此折磨自己与家人。了解到这些，我顿生恻隐之心。这个可怜的孩子，他在用不学好引起家长的关注。

我开始默默地观察他，和与他玩得好的同学交流并无意中提到他，进一步了解了他的喜好。

我尽量包容他，不轻易被他激怒。

我逮住时机，用比较幽默、轻松的方式与他交流。由于沉迷游戏，晚上睡得晚，他经常迟到、早退，安全问题得不到保障。一天，他又迟到，走到班门口，看他疲惫的眼神，我笑着问他昨晚是不是没休息好，他说："嗯。"我说："游戏不要玩太晚，这几天看你老是打瞌睡。"他有些惊讶："你怎么知道我打游戏的？"我说，"我还知道，你刚来班里的时候挺厉害的，不怎么听课，照样可以得六七十分"。他不好意思地笑了。我说："同学们都说你很厉害的，如果按时到校，上课不睡觉，肯定会更好的。"他说："再说吧。""是不是还对父母强迫你转学的事情耿耿于怀？""他们非要让我转学，说我在那个学校不学好，那我就不学好好了。""一年多了，这个心结可以打开了。你用一年的时间不学好，折磨着他们，也折磨着自己。我看你并不开心。想好以后的打算了吗？你必须要为自己的未来负责，起码得有热爱生活的态度。"

他不语，开始流泪，那是我第一次见到他哭。

之后，他还是会迟到，但是愿意与我沟通了，遇到他心情好的时候，他还会叫我静姐，而不是"哎"，偶尔会与我分享他的事情。

有同学说，老师你好喜欢他啊。是的，我可以包容他的不是，为了等待他的成长。

我喜欢看到我们彼此的包容、尊重。很感谢遇见你们，让我和你们一起成长。

【教育效果】

在老师和父母多次的尝试与努力之下，他开始与我们沟通交流了。在毕业拍照时，他还主动和我拍了一张合影。毕业之后，看到他将家人给爷爷过生日的照片发到朋友圈，我倍感欣慰。无论他将来走到何处，有一颗热爱生活的心就会走得更远。

【总结反思】

通过这件事，当遇到做事出格、偏激的学生时，我会提醒自己要看透他那冷酷的外表，坚信他有一颗积极向上的心。他们还不够成熟，需要我们给予足够多的耐心与包容，搞清楚其行为背后的原因，在合适的时候开诚布公地与他们交谈。当真心对待他们的时候，他们也会回馈以真心。在包容中等待他们成长，也是我这个新手自我提升的过程。

反常背后有深意

深圳高级中学（集团）　周　莉

【教育背景】

一些学生在学习与生活中表现出一些反常行为，如过度沉迷课外书或者游戏，突然爱在上课的时候涂涂写写，或者突然过度亢奋，等等。作为教师，我们往往会纠正学生当下的不良行为，但实际上，许多反常的行为背后，有更深层次的心理原因与需求。若教师能及时找到真正的问题所在，许多不良的后果就能防患于未然。

【事例重现】

某天的上课期间，我给学生提供了简短而多彩生动的视频，卖力地边演示边讲解，吸引着学生连连发出惊叹声。但即便如此，我发现有个学生始终低着头，我悄悄地往他座位走去，一眼瞄到他在看课外书。而他完全没有察觉到我已站在他的身旁，他沉浸于自己的世界中，老师与其他学生俨然变成空气一般。

我刻意地在他附近走动，并提高讲解的音量，他才发觉并惊慌失措地把课外书推向桌子里。

一般情况下，如果是让学生看枯燥或艰涩难懂的学习内容时，学生可能会有分心或者不感兴趣的状态，这是比较正常的。但面对本就对学生有巨大吸引力的学习内容时，学生仍然不为所动，这是非常反常的情况。喜欢新鲜事物、对未知好奇是学生的天性，喜欢看书、喜欢探索的学生更是如此。这名学生平时是一个比较爱学、好强的学生，他的状态引起了我的关注与好奇，是这堂课对他失去了吸引力，还是这本课外书的魔力过于强大？事出反常必有妖，我把这件事放在了心上，希望能弄清楚真正的情况。

课后，我特意和各科老师沟通了他的情况，发现他在其他课堂也有看课外书的情况，而且，各科老师普遍反映他近期的作业质量较差，成绩也有所下降。我心想：这娃娃看来是有书瘾，沉迷得无法自拔了，得好好引导。

我把他找来沟通，他显得比较沉默，解释说是上课感觉无聊。我引导他心态转变，并讲解看书的方法与管理。随后，他也向我保证，再也不会在课上看书了。我观察了几天，他的确也做到了，学生回归课堂。我本该高兴，这件事也该告一段落了。

然而，他乖巧下的种种细节总是让我感觉有些不对劲，他脾气比平常大了些，似乎更拘谨，也更沉默了。这个时候，我隐隐觉得，书瘾可能只是他表现的一种形式，背后有更深层次的原因。

我特意和部分学生打听了他的情况。果不其然，有个学生偷偷和我说了事情原委，班里一名同学说看到他吃鼻屎，并告诉其他班同学，这话传来传去又传回了当事人这里。听到这里，我才恍然大悟他之前种种行为的缘由。

我意识到，不管是对当事人，对传流言的人，还是对班级班风，如果再不及时干预，将会导致不可预知的后果。青春期的孩子本身就敏感、爱面子，可想而知这样的传言将会对当事人的心灵造成怎样的伤害。我马上找来传流言的同学，询问他事情的来龙去脉。他一开始还很淡定，觉得又没有打架闹事，没什么大不了的。在我与他深度沟通后，他最终认识到自己的错误，郑重其事地与当事人道了歉，并承诺义务打扫班级卫生以示诚意。

对于班级而言，流言蜚语一旦传开，往往就不是两个人的问题，会影响整个班级的人际关系与氛围。因此，我隔天就召开了一个"良言一句三冬暖，恶语伤人六月寒"的简短主题班会，通过哲理故事与班级故事，引发学生对语言暴力的思考与感悟，引导学生学会换位思考。这节班会课也就相当于间接地对这件事情做了一个总结。

学生对于当下的经历，吸取的教训往往更深刻，他们也在事后的周记中反省自己在人际交往中的不恰当行为，有些还对受到伤害的同学进行了书面道歉。而这名当事人在周记中写道："我以为老师不会管这种小事的，以前也和老师反映过类似问题，后来却不了了之。谢谢老师，不用担心我，我会调整状态，认真学习的。"

短短数语，让我深感安慰，也让我警醒，假若我没有认真觉察这次的反常，漠视放任，可能这名学生内心的结就会一直存在，这些传流言的孩子就无法意识到自己的错误，获得成长。

【教育效果】

青春期的孩子都有一颗敏感而好奇的心，他们的情绪状态与价值观非常容易受他人的影响。他们成瘾的反常现象背后，往往没有那么简单，不管是沉迷课外书也好，沉迷游戏也好，往往都与他们的生活和心理状态有关，只有找到问题的症结所在，才能真正达到教育的目的。

【总结反思】

反常背后有深意，教师需要在学习与生活的每一个蛛丝马迹中发现教育的契机。

认真对待每一个学生

深圳高级中学（集团）　敖　宁

【教育背景】

曾经读过钟杰老师的《治班有道——班主任智慧手册》，书中有这样一句话：每朵花都有绽放的理由。由此，我想：班级每个学生都应该被公平对待，它无关学习成绩，无关家庭背景因为他们每个人都是独一无二的个体。只要学生知道你是用公平的眼光和要求对待他们，他们自然就会信服你。

【事例重现】

一次中午放学，我因要看午休就早早吃了饭去办公室休息，这时班里的一名女生（在此用小涵的名字代替）找到了我。小涵平时不怎么跟同学交流，说话吐字不清晰，学习成绩也不好，班里的大部分同学都不太喜欢她。

我看着她委屈的样子，询问她发生了什么事，她支支吾吾地说不出来，声音也非常小。我没办法，就让她写在纸上，她又不肯动笔。站了一会儿，我告诉她，你有什么事情先想一想，怎么表达出来，然后慢慢告诉我，不着急。其实当时我又困，心里也有些着急。终于，她开始跟我说了，大意是班级里有些同学乱发她的美拍视频，她很生气，就骂了他们，但被踢出同学群了。然后她就哭了。

我想，这虽不是一件大事，但发生在她的身上，我必须重视起来，因为她本来在班级的存在感就很低，人缘也不好，而且这个年龄阶段的学生不懂得是非对错，只知道随大流，如果有一些同学孤立她，那么全班同学也可能跟着一起孤立她。因此，我必须遏制这种现象的发生。

但是，根据她提供的信息我无法了解全部事实经过，于是打算让她先回去吃饭休息，下午抽时间，再向她的父母了解一下事情的原委，毕竟这是在家里用手机时发生的事情，家长可能知道的情况多一些。

下午我打电话给小涵的父母了解情况。原来是小涵小学时自己在美拍上发了很多的视频，现在被同学找到并发到了班级群，大家开始嘲笑并模仿她，小涵又丢失了之前的账号，无法删除视频，又没办法阻止同学们的恶作剧，她终于忍不住大骂了那些同学，因而招致更多的孤立与嘲笑。

我非常生气，打算放学后让全班同学留下来处理这件事，尤其要狠狠批评带头搞恶作剧的那几个。放学后，我把大家留了下来，定了定神，对大家说："最近我们班发生了一件嘲笑、欺负班级同学的事情，我不知道是谁带的头，视频是谁发的，所以请这几名同学勇于向我承认，如果你不勇于承认、回避错误，还为此耽误大家的时间，就是错上加错了。现在请每名同学拿出一张纸，写下你自己所做的事情，如果没有做的同学可以不用写。"台下开始一片哗然，纷纷议论起来。"不要讨论，你们应该知道我说的是什么事情，只要安静写纸条就可以了。"我再一次提醒大家。于是大家开始动笔，一个个地交了上来，我看完了纸条后，知道了是几个男生所为，他们在纸条中表示自己不是故意的，只是觉得好玩。

我假装看完了所有的纸条，对全班同学说："现在这几名同学承认了自己的错误，大家也没有必要追问他们是谁。知错就改，善莫大焉，人犯了错误不要紧，重要的是敢于面对、敢于担当、勇于改正。班级里每名同学都要懂得尊重别人，尊重别人其实就是尊重自己，每个人都有自己的弱点和长处，你不想自己的弱点被揭开、被发现，别人也不想，己所不欲勿施于人。我们生活在一个班集体，如同一家人，要懂得包容与理解。好了，问题解决了，大家快回去吧。"同学们都笑了，我也松了口气。

事后，我觉得应该召开一次班会，告诉大家如何尊重他人，同时学会保护自己的隐私。于是，在下一周的班会课中，我们召开了"尊重他人，保护自己"的主题班会，同学们纷纷参与进来，出谋划策，讨论热烈，为这件事画上了一个句号。

【教育效果】

班会后，我打电话与小涵父母沟通，让他们宽慰小涵，并分别打电话与那几名恶作剧同学的家长沟通了这件事。第二天班级恢复如初。小涵也开始参与到班级的活动中，并积极帮助同学们打扫卫生。同学之间的关系又好了起来。

【总结反思】

在一个班级中，虽然学生存在个体差异，但那只是性格、学习能力、思维模式等方面的差异，这并不妨碍同学间的友好交往。作为教师，我们应该一碗水端平，认真对待每一名学生，特别是那些成绩不好的学生，他们的内心或许更自卑，更需要老师的关注，因为每个孩子都是一朵花，每一朵花都有自己绽放的理由。我们要做的就是让这些花都能健康茁壮地成长。

亲切的话语才动人

深圳高级中学（集团） 汤士强

【教育背景】

我虽然是一个刚工作仅三年的年轻班主任，但是期间也体会到了班主任工作的辛酸与喜悦、成功与失败，更有诸多与可爱的同学们共同经历的小故事。

在我眼里，每一个学生都是一朵含苞待放的花蕾。作为班主任，我有责任让他们都绚丽地绽放，特别是对那些"带刺的花蕾"我们更应多一些关爱和呵护。在我们所说的"小刺头"身上，发生过许多令我难忘也令我感动的故事，其中有一个故事给了我莫大的鞭策和启迪。

这是发生在我刚到高级中学的一个故事。那时，我认为严师出高徒，因此必须严厉点，必须"镇"住他们，于是就想用严厉的面孔、严厉的批评、严厉的惩罚来使学生折服。哪承想这并不能起到作用。

【事例重现】

刚参加工作的我便接了初三毕业班的班主任，我深感责任重大，并且鼓足勇气，下定决心管理好班级。当时班里有一个出了名的"小刺头"叫小于，他学习成绩不好，经常与女同学打闹，上课捣乱，甚至敢与体格健硕的体育老师叫板。一次，他与班级的一名女同学打闹，并划伤了女同学。我不由分说将他揪到办公室，火冒三丈的我对着他就是一顿狠狠训斥。没想到，他不但不服气，还理直气壮地顶撞我。当时我被气坏了。

这件事之后，他上课不但不听我讲课，而且经常变着花样捣乱，导致我在上课时总是发脾气。对于我的大发雷霆，他根本就无动于衷，一副满不在乎的样子。下课后，他也经常做一些违纪的事情。总之，他每天都给我繁忙的班级管理和教学工作带来很多的麻烦。

可后来发生的事情却改变了他，更点醒了我。那次，我接到年级通知，于同学由于没有带校卡与门卫大叔起了冲突，之后被学生处主任带回办公室反省，没承想主任并没有批评他，他便逃离办公室不知所踪。于是，我走进班级教室，但并未见到于同学，当即叫了几名男同学协助我到校园各处寻找。十几分钟过后，其中一名同学气喘吁吁地跑过来跟我说于同学在六楼趴着走廊护栏一直不肯下来。这下可把我吓坏了。我立即跑到六楼找到于同学，走上前安慰他。

那天上午，我和这个我一直"讨厌"的学生进行了一次谈话，这是我第一次亲切地和他说话。在谈话中，我首先了解了他的家庭状况，并且心平气和地分析了整个事件的过程，不觉间我把手搭在了他的肩膀上，他突然大哭起来，好像很久都没有这么倾诉过似的。对我改变的态度以及他的倾诉，他有些不自在，又好像有点受宠若惊，一改往日那副蛮横的样子，向我承认了自己之前的错误。他说自己捣乱、欺负女同学都是故意的。他很真诚地表示以后不会再这样做了，还十分诚恳地对我说："老师，我学习方面可能不能改变，但是我今后的常规一定尽最大努力做好，争取上学不迟到、上课不说话等。"最后他还问我道："老师，我家里的情况希望您能给我保密，不要让其他同学知道。"原来他有一个读幼儿园的弟弟，爸爸平时不仅要管理公司事务，还要照顾弟弟，加上母亲得了癌症已经卧病在床，平时犯错，爸爸不是批评就是打骂，对他没有更多的关心。因此，他经常与同学打闹，为的是引起其他同学的注意。

这件事虽早已过去，但它一直珍藏在我心底，时刻鞭策着我以后的班主任工作，时时提醒我即使再调皮的孩子也有内心脆弱的一面，发生的事也会事出有因。每个孩子都是鲜活、灵动的个体，有着各自独特的性格。只有理解了这一点，我们才能尊重和热爱自己的学生。作为班主任，我们应该用自己的耐心、爱心、细心，给每一个学生以自尊、自信、关爱和鼓励，只有这样，学生才会"亲其师，信其道"，才能成为我们所期望的人。同时，这件事更让我明白：班主任必须热爱、尊重、理解自己的学生，只有这样才会变得心明眼亮，才会成为学生喜欢的班主任。

【教育效果】

经过这样一次与于同学的亲切交谈之后，有时他出现了迟到、没交作业等违纪的情况，他会主动告诉我，并且说明原因。我也没有批评他，而是鼓励他。后来，我任命他为我们班级的卫生委员，他也能尽力做好自己的工作，并时常告知我班级的动态。让我更感到欣慰的是，他还主动提出换座位，说有时他不能自律，课上会与同桌交谈，扰乱课堂，希望自己单人单桌并且坐第一排，这样就能更好地约束自己。在与家长沟通过后，我同意了他的请求，他的上课表现也有了很大改善。

【总结反思】

通过这个故事，我会在以后的班主任工作中，以更大的热情辛勤工作，以平等、尊重和真诚之心去打开每一个孩子的心门，耐心地倾听每个孩子的心声。我始终坚信一句话：只要功夫深，铁杵磨成针。

一分耕耘，一分收获。在以后的工作中，我会继续努力，不断向新的目标迈进。

我和学生是笔友

深圳高级中学（集团） 刘书怡

【教育背景】

白居易在《与元九书》一文中说："感人心者，莫先乎情……"随着时代的发展，"粗放"式的教育理念已经逐渐退出了历史舞台，师生之间情感的交流越来越重要。身为班主任，我们不能把"吼"和"叫"作为维系权威的重要手段，而应该做到"润物细无声"，用心去感化学生，注重和学生沟通的方式，让学生信赖自己，真正走进他们的心里。而书信，则是一个非常好的沟通桥梁。

【事例重现】

那是周五下午最后一节课，我在班级里讲评英语试卷。由于天气炎热且临近周末，学生多少有些浮躁。当时，我注意到班级有一个女生从始至终都趴在桌面上，上课状态非常不好。因此，在上课过程中，我几次用眼神提醒，示意她打起精神来，然而在我的几番提示下，她的听课效果依旧不是很理想。于是，我直接点名让她起来回答问题。而她被叫到名字后，缓缓地站了起来，眼睛直勾勾地盯着桌上的试卷，沉默不语。因为临近下课，时间不是很充裕，我便叫了另一个同学来代替她回答问题，让她先坐下，等到放学后再让她来我的办公室找我。

放学后，她如约而至。可当我让她解释一下她在课堂上的表现时，她却格外抗拒，情绪甚至有些激动，反复提到"我就是个差生""我一直就是这样，不喜欢说话，不想发言""不知道怎样和你交流，你肯定也无法理解我"。通过她的这些回答，我能感受到她内心深处强烈的不自信，并且始终怀有一种强烈的自我否定感，只要和她谈到与学习相关的事情，她下意识地反应就是"我不行，我做不到"。但结合我之前和她母亲的沟通情况，我发现她并不是如她自己所描述的那样一无是处。她喜欢读书，且很有自己的想法。但令人遗憾的是，她不愿意表达，很少就自己的日常生活和父母进行交流，爱用插科打诨掩饰自己内心的真实想法，对长辈施加给她的权威感一直有一种强烈的抵触情绪。这种负面情绪直接影响到了她的日常学习及生活状态。根据她的这些特点，我对她的回答并没有直接反驳和批评，而是顺着她往下讲，对她说："既然你不喜欢说话，不知道怎么和我交流，那咱们可以当笔友，用文字来沟通吧。"听到这儿，她感到很惊讶，而这个提议也确实出乎她的意料。我趁热打铁，笑着对她说道："其实老师觉得你是一个非常有想法的女生，很想通过这种方式多了解你。虽然我在此之前完全没有交过笔友，但我认为这会是一段很有意思的经历，你愿意成为我的第一个笔友吗？"听到这儿，这个女生点了点头，爽快地答应了我的笔友邀约。而我也趁热打铁，第二天就专门为她准备了一本书信交流簿，让她每日在本子上写下当天的生活小片段，分享她的每日心情，每天早上9点来办公室交给我，我也会根据内容给她留言回复，以正面向上的留言为主，鼓励她以乐观开朗的心态看待问题。渐渐地，我发现她见到我时笑容多了，甚至会主动催促我尽快给她留言回复，迫不及待地要拿回本子写下新的想法。就这样，我俩的笔友身份正式确立下来，而这本记录本，也成为我俩的共享秘密。

【教育效果】

随着这个每日打卡小任务的循序渐进，我们作为笔友的情谊日渐深厚，这让我对她及这个年龄段的女生有了更深入的了解。这个学生对我的信赖与日俱增，并且越来越愿意把自己每日的心情及生活点滴记录在本子上分享给我，也逐渐开始接纳我对她学习方面提的一些建议。同时，我发现她的写作能力有所进步，观察、思考事物的角度发生了变化，不再和往常一样消极悲观，学习的状态也有了很大的改善。

【总结反思】

文字的力量有时胜于言语。一个小小的写作交流簿不仅让我收获了人生中的第一个笔友，还让我更加熟悉学生、了解学生、关心学生，拉近了我们之间的距离，让学生更能感受到我的诚意。

每个孩子都值得被爱

深圳高级中学（集团）　李　婧

【教育背景】

有人说过这样一句话："教师不经意的一句话，可能会创造一个奇迹；教师不经意的一个眼神，也许会扼杀一个人才；教师习以为常的行为，对学生终身的发展也许产生不可估量的影响。"作为教师，我们要经常反思自己的言行，反思自己是否真正站在学生的角度看问题，是否真正为学生的终身发展考虑。

【事例重现】

一天的班会课上，当我讲到"我们班每个同学都要积极参与课堂，认真完成自己的学习任务"时，一名学生竟然情不自禁地脱口而出："老师，我也是，我也是！"这样的声音突然打破了班级的平静，我循声望去，哦，原来是刘同学。此时他的眼神充满期盼，非常想要得到大家的肯定。我马上说："刘同学，你确实也在努力朝我们期待的方向奋进着。"当我表扬他时，不少学生马上举手反对，纷纷指责他上课不守纪律，平时不交作业等，班会课一度变成了"讨伐课"。但我依然为他据理力争：一次放学，我请刘同学留下背课文，但临到放学时，我突然要开会，刘同学没有私自离开，而是在办公室一直等我，直到我开会回来，并且利用等我的时间背好了课文，可见，他是聪明且有诚信的孩子。尽管他做过不合时宜的事，但只要诚心改过，依然值得大家信赖。学生被我的话打动了，没有再站起来反驳，这时刘同学却低下了头，似乎在反思，似乎在为以前所做的事感到惭愧。

下课回到办公室，我也在反思：刘同学是一个自我控制能力比较差、学习成绩不理想的孩子，分数经常停留在及格边缘，再加上平时课堂纪律不好，经常会受到老师的批评，有一些成绩比较好又期盼课堂完全安静的同学会不喜欢他，因此他的心里是有一些自卑的。

作为班级的一分子，大家都希望自己是受欢迎的那一个。但是如果不能特别受欢迎，至少不要被讨厌。一个一直被同学用异样的眼光看待的孩子，一个总是低着头、弯着腰走路的孩子，他的脊梁必然会变得弯曲；同样，一个自卑的孩子，在人前人后抬不起头来，他的心灵也必然会出现不同程度的扭曲。孩子需要昂起头来走路，需要昂起头来做人，即使他身上有再多缺点，也总有优点的，值得被爱的。

课后，我找他谈话，告诉他每一个人作为世界上独一无二的存在，都有自己的优点，都会被别人看到。我们要大方地展示自己的优点，努力纠正自己的缺点，这样大家肯定会看到我们的改变，会有越来越多的人喜欢我们。

慢慢地，我欣喜地发现刘同学能勇敢地举手发言了，尽管他所答的问题很浅显、很简单，尽管他的回答在其他学生眼里不值一提，但他能够站起来，能够主动发言，可见他的心里开始拥有阳光了。虽然这些只是斑斑点点的阳光，但我相信，从今以后刘同学不再是低头弯腰的孩子了，而一定是个抬头挺胸、坚强快乐的孩子。

【教育效果】

一名教师也许没有能力点燃火种，但绝不能熄灭火种。面对眼前充满好奇和天真的孩子们，我们要努力让每一个孩子都看到心中的阳光，发现自己的优点，让每一个孩子都在爱的滋润下快乐成长。

【总结反思】

每一个孩子都有自己的优点，每一个孩子都值得被爱。

静待花开

深圳高级中学（集团）　李琼瑶

【教育背景】

家庭是孩子的第一所学校，家长是他们的第一任老师。家长都希望把自己的孩子培养成有用的人才，但由于文化水平、性格脾气等不同，教育效果也不大相同，特别是家长与子女之间的亲子关系不够和谐、亲密，往往会冲淡理性和科学的教育观念，因而造成主观愿望与客观效果的背离的结果。我一直庆幸我是一名教师，因为与青春同行使我的心永远年轻；我更加庆幸我是一名班主任，因为与学生密切相处，可以随时倾听花开的声音。

【事例重现】

2018年9月，我接手了现在的班级，这个班级由49名小学刚毕业的学生组成。很快一名女同学（以下化名"小同"）就引起了我的注意，她上课很活跃，下课后也与同学们打成一片，但是放学后迟迟不肯回家，最晚一次在学校逗留到晚上9点，我也陪着她在操场、学校附近走到9点，直到她同意父母来接她回家。那天晚上，虽然我们一直在一起，可是她的话极少，重复最多的一句话就是："我不想回家，不想看到我爸爸和我妈妈。"我心里一惊：究竟是多大的误会，让一个初一的小女生晚上不愿意回家，不愿意看到自己的亲生父母？当即我就下定决心要走进这个家庭，走进小同的内心。

第二天一整天我都在不安中度过。正在我踌躇不安、不知所措时，小同来我办公室了。"老师，我能和你聊聊吗？"她说。我欣喜万分，放下手中的笔，搬来一个小凳子，让小同坐下来慢慢说。可是坐下来后，小同却久久不开口，一直叹气，和平时在教室里判若两人。时间就这样慢慢流逝，一晃半个小时就过去了，办公室的老师们陆续下班，我内心也有些着急，可是我只能故作镇定。终于小同开口了："老师，我不想回家，我可以跟你在这儿多待一会儿吗？"

原来小同的爸爸、妈妈均是名牌大学毕业，小同从小在北京长大，小学五年级转来深圳，父母对她的教育非常严格，甚至可以说是粗暴。小同觉得父母这样做是不爱她，所以她不愿意回家，甚至多次离家出走过。这是小同第一次主动找我沟通，也是我和她之间的第一次沟通。我因为不了解事情的根本原因，所以就没有发表任何言论，只是做了基本安抚，并送她回家。

此后，小同的事情就像一个疙瘩一样一直在我心里，我内心无比坚定地认为：没有父母是不爱自己的孩子的，只是各自的成长环境造成了对于下一代不同的期望和教育方式。但是，我如果此时向小同灌输大道理，一定会让她疏远我，因为这些道理她一定听过很多遍了。我迅速厘清要做的事情：①和小同保持同一战线；②主动和小同父母沟通；③在班级给予小同一个职位，让小同感受到自信……

其实自我那天护送小同回家后，小同的爸爸（小同妈妈在北京工作）就开始主动和我联系了，他表达的内容主要有两点：①小同怎么还没到家？②跟我倒苦水（小同如何和他作对，如何摔门出走）。我一天最多接到过她爸爸四五个电话，追问我小同怎么还没到家。对于以上现象，说没有情绪是假的，但是我一直坚信，一位爸爸给女班主任打电话倒苦水，那一定是逼不得已了，所以我一次次耐心地倾听着，收集着各种点滴故事，寻找一个合适的机会让小同感受到爸爸对她的关心。

此时正好学校开展了班主任班会课大赛，我报名参加了，将我一直以来想做的一个主题——"拥抱亲情，感恩父母"付诸实践。这次班会课也是我为小同做的一次特别安排。课程中有一个环节，是播放一段视频，它由孩子们小时候的感动瞬间汇总而成，其中有一段是小同的：小同小时候在一次体检中检测到生长激素超标，骨龄提前同龄人3岁左右，未来可能只能长到1.5米，这个消息对于小同父母而言犹如晴天霹雳。小同父母辗转多家权威医院，医生都说只有两条路可以选择：一是打针；二是加强锻炼，饮食配合。医生建议直接打针，因为第二种方法几乎没人敢尝试，很辛苦。可是小同父母在了解了打针的副作用之后，毅然决定尝试第二种方法。小同坚持了3年的每天跳绳1小时，晚餐全家配合她只吃有机青菜和白米饭……播放到这一段的时候，我看了小同一眼，曾经因为这件事情对父母有怨念的她早已趴在桌子上抽泣不止……后来在小同生日时，我联系小同的爸爸，告诉他，我们准备在班级给小同开一个生日派对，小同的爸爸高兴极了。那天他满头大汗地送蛋糕过来，又外出买打火机，忙着却快乐着。

【教育效果】

和小同的沟通经历了整整2年才有成效。小同是一名很有主见的孩子，很难改变她自己的固有思维，但是我坚信父母对于孩子的爱，也坚信孩子的善良，所以主动抓住机会、创造机会让小同感受到父母的爱。现在小同每周末都和爸爸一起去跑步，还主动陪妈妈去逛街。初二下学期期末时，小同拿来一个小发卡给我看，说是她妈妈送的，她很喜欢……疫情期间的网课学习阶段，班级表现最好的居然是小同同学。

【总结反思】

年年岁岁花相似，岁岁年年人不同。时代变化对班主任工作提出了更高的要求。在小同的成长中，我尝试过各种方法，最终还是主动和家长沟通，建立亲子沟通的桥梁，并让它发挥了很大作用，可见家庭教育起着学校教育不可替代的作用。我们作为班主任，只有主动与家长沟通，取得家长支持，各项工作才能取得事半功倍的效果。

暖化坚冰

——从习得性无助到笃定前行

深圳高级中学（集团）　吴莎莉

【教育背景】

"习得性无助"指人在多次经历失败和挫折后，逐渐相信他们生命中的事件和结果不可控，而形成的没有动机、自暴自弃的状态。在常规认知中，这个词与涉世未深、蓬勃向上的初中生无关，但中学生日常的言语中不乏"自己一无是处""努力也只是白费"等话语。把这些话挂在嘴边的青少年，往往表现出焦虑、缺乏斗志、自我怀疑、得过且过等习得性无助的特征。对于这类学生，班主任工作的关键是持续关注，用爱心暖化他们自我怀疑的坚冰，引导他们重燃青春火焰，建立自信，敢想敢做，朝着自己的目标笃定前行。

【事例重现】

刚接手班主任工作时，班级里一名女生的状态就引起了我的关注。她小小的个子，日常语言中经常有"算了""无所谓""他/她就是比我厉害"等字眼。而实际上她的学习成绩处于班级中上游，学习能力较强，却常因缺乏自信，害怕面对失败而显得颓废。各科任教师一致认为如果她在心态上能更积极一些，还会有很大的进步。

　　针对她的情况，我寻找机会，尝试与她深入沟通。在沟通开始时，我分析了她学习上的优势、弱势学科，并建议她在弱势学科上多总结、多反思，找准问题并有针对性地进行调整。而她则表现得比较被动、不自信，否认我对她优势学科的肯定，表示自己的弱势学科"没得救了"，自己理想的高中是"考不上的"。我一直对她进行积极的反馈，鼓励她勇于尝试，等等。沟通到后期，她依然消极，认为自己做不到，坚信自己"不可能学好""学习成绩不可能提高"。鉴于她的消极状态，我转变态度，厉声对她说道："你不努力去尝试，怎么就断言自己不行？还是说你认为维持现状，就可以保持现在的成绩？"

　　我这两句话刚说完，就见她先是红了眼眶，随后泪水滚落。我起身轻轻搂着她，安慰道："你还是少年啊，不努力怎么行？不试试又怎么知道不行？我知道你只靠自己做好很难，但我会帮你……"她掉泪之后，回应我的态度明显变得积极了，并主动提出要制订学习目标，争取补齐弱势学科，等等。

　　沟通结束后，我让她回班，本以为到此这次沟通已画上句号。然而，我随即听到有学生来报告，说洗手间内有同学在"号啕大哭"……原来，那名在洗手间大哭的同学正是刚从我办公室离开的她！

　　此后，我持续关注着她的成长，用爱心和耐心暖化她。慢慢地，她在班级里的表情更灵动了，笑容也明显增多了。为了攻克她的弱势学科——英语，我替她"隐瞒"真实情况，装作为自己的妹妹寻求帮助，请求英语老师帮忙制订了一份英语学习计划；家长也同意装作不知情，默默地关注与守护。她坚持每日打卡，我在每周五放学前检查。她也会经常和我分享她在英语学习中的进步与不足，如这次完形填空只错了1个，这次阅读理解没发挥好……而我则一直扮演着鼓励、肯定与帮助的角色。

【教育效果】

　　功夫不负有心人，到了这学期期末，坚持打卡、持续努力的她，整体成绩有了较大提升，弱势学科进步明显。她也在语文作文中，回忆到那次沟通，她描述道："像是心中的坚冰被暖化了，对过去懒散的懊悔，对老师帮助的感激，使我最终哭了出来。擦干眼泪，往日嬉笑的样子不见了，取代它的，是有着坚定目标的眼神。"

学习成绩的进步让她逐步找到了自信，她的心态也更阳光了，原来习得性无助状态下的自我怀疑和得过且过慢慢消散。她小小的身体里，迸发着无尽的拼搏与热情，朝着心中的理想高中不断努力。她的进步、她的感恩也让我品尝到了班主任工作的甜蜜与幸福。

【总结反思】

通过破冰沟通、长期陪伴，这个曾因习得性无助而丧失学习动力的孩子不断进取，中考时如愿考上了理想的高中。在她转变的过程中，我的爱与鼓励始终相随。而在暖化她心中坚冰的沟通中，"我会帮助你"这句话很关键，这让一个曾经数次尝试尽力去改变却没有找到方向的孩子，慢慢走出习得性无助的阴影，重拾信心。

所以，教师在与学生沟通时，应该先尽可能详尽地了解情况，即使该生的表现和成绩长期以来不理想，也不能简单认定该生从未努力。他/她很可能曾经努力过，却没有适当的方法，从而产生了自我怀疑和自暴自弃的念头。如果教师能在此时发挥引导、鼓励、督促的作用，也许就能给他/她从习得性无助导致的自暴自弃转变为朝着目标笃定前行的"加速器"。

涓涓细流，浸润成长

深圳高级中学（集团）　张　巍

【教育背景】

刚入学的初中生正处于心理断乳期，这个阶段的孩子敏感，渴望被认可、被尊重，重视同伴……快速走进学生心里，组建一个团结、积极、温暖的班集体，让每一个学生在这个特殊的阶段健康成长，是每一位班主任的责任。

【事例重现】

（一）陪伴

班主任要想迅速走进一群孩子的心里，就要在他们重要的时刻陪伴他们。团体活动无疑是教师拉近与学生距离的最好机会。我刚接手21班不久，学校体育节就拉开了帷幕，女生绑腿跑和男生足球赛成为活动项目。每天放学后都有很多班级在操场练习，场地拥挤，于是我和小花儿（我对女生的爱称）们商量，我们每天早上早来半小时训练，那时候天气凉爽、场地空旷。她们同意了。就这样，赛前的一个星期，小花儿们每天6：30来到学校操场练习绑腿跑。我事先查资料了解了很多技巧，看了一些比赛视频，请教了体育老师，所以在练习的过程中，可以适时地进行技术指导。这让孩子们感觉到，老师不仅会教语文，其他方面也很棒，提高了我在孩子们心中的威信。更重要的是，每天练习完，我们都围坐在操场上，一起吃着我为她们准备的早餐，虽然只有简单的面包和牛奶，但是边吃边说边笑，我们都感到幸福满满。最终，不负众望，我们班夺得了比赛的冠军，最值得骄傲的是来自对手的评价："21班实至名归，她们的冠军是每天早上努力的结果。"

（二）感化

评语是师生交流的最好途径。男生小钟的语文基础不太好，说话有很重的口音，所以拼音基本是不会的，每次听写都不写拼音，作业也只抄写汉字，不写拼音，测试时，拼音题从没有对过。我提醒了他几次，他也没有改变，我确认他是真的不会，应该很无助。我便每次批改听写或者作业的时候都帮他把所有应该写的拼音标注一遍。一开始，只是标注，没有要他做什么，我希望用我的行动感化他。写了几次之后，我发现他会零星地写一些拼音了……就这样默默地持续了一段时间，小钟的听写基本上只错一两个拼音了。我开始要求他注重订正，但几次下来他都没有订正。我知道，他喜欢叫别的同学弟弟，总觉得同学们比他幼稚，自己是个大哥哥。于是，我就在他的作业本上写道："不订正的就是弟弟哦！"下次再翻开他的本子，果然订正得很好。有些话，当面说会尴尬，留在笔头，默默关爱，学生是会感受到的。

【教育效果】

通过在各项活动中的陪伴与激励，我与孩子们一同进步，班级凝聚力也很快形成，孩子们有了很强的集体荣誉感，这使他们在任何时候都非常团结。班主任应根据我对每个孩子的了解，因材施教，尊重他们，与他们像朋友一样平等交流，让自己走进每个孩子的内心，以爱优教，让每个孩子都能在这个团结的集体里成为最好的自己。

【总结反思】

"严爱并重"是班主任不变的准则，在与学生拉近距离的同时一定要有原则，要把握好尺度，制定好规则，并严格执行。班主任在关爱的同时，在原则问题上不让步，抓好习惯，才能让学生循序渐进，把爱和规则化成的涓涓细流浸润每一个学生的成长。

冷静处理，巧妙化解

深圳高级中学（集团）　林佳玲

【教育背景】

在班级事务中，很多时候学生之间会发生小矛盾、小摩擦。有的时候学生说出来会前后矛盾，词不达意，老师在听的时候也很难厘清事情脉络，所以很多时候我都让学生用"纸"说话，用"字"表达，每一次写完我都会让他们写上名字和日期，而这些记录的片段，日积月累便成了他们的成长档案。

【事例重现】

每天下午上完课后我们班都有个习惯，就是值日班长、学习委员要上讲台来总结一下一天的活动，之后我传达学校的通知，并做进一步总结，然后学生放学。我还没到班级之前，学生就先在班里记当天晚上的作业，作业记完的学生则开始写一些当晚的作业。

有一天下午，学校有个班主任学习的讲座结束晚了几分钟，当我走到办公室刚坐下，就看到我们班小郭同学急匆匆跑过来跟我说："林老师，C同学和Y同学在班里打架。"我连忙跑到班里，发现打架事件已经平息了，就让值日班长先组织学生记作业和自习，我把两名打架的同学叫到办公室。我首先打量了一下两人，确认了一下他们身上没有明显的外伤痕迹，因为我需要先确认情况是否严重，如果有严重伤的情况，他们就需要马上去校医室，结果两名学生说就是互相推了一下，拽了一下衣服，没有实质性的肢体冲突，我的心也放下了不少。这时候我观察到两名学生之间的敌意很大，让他们描述的时候都是把责任往对方身上推。我就对他们说："既然发生冲突了，那两个人肯定都有做得不对的地方，你们先冷静一下，把事件的经过写下来，分别列出在这次事件中自己做得不好的五点。"然后我拿了笔和纸让他们自己去写，我则去班里找了几名坐在他们附近的同学了解情况，因为他们相当于目击证人，可以更客观地陈述真相。经过"证人"们的陈述，我了解到：放学发作业的时候小曹同学把一摞作业放到小尹同学那里让他发，小尹同学想记作业，不想发，就又放了回去，然后产生口角，进而发生肢体冲突。

我调查完，对整个事件也有了大致的了解，而两名学生在用笔写下自己的问题的过程中情绪也慢慢稳定了下来。我让他们把各自列出来的问题读出来给对方听，两个人对自己的错误基本都能够有所认识，然后两个人互相鞠躬道歉。但由于他们只是认识到错误，为了让两个人彻底和好，我又让他们俩列出五点对方的优点，列好之后准备读给全班听，要求每一个优点都要有相应的事实依据，这也使得两名同学回忆起对方往日的好，能够促进他们互相学习，两人最后握手言和，互相拥抱，之前的愤怒、不满情绪一扫而空。

大概花了10分钟，整个事件在办公室的部分就已经处理完毕。我便让他们一起回到班上，在全班同学面前大声朗读对方的优点，并承认自己的错误，最后经过全班同学讨论，确定让这两名同学以后做班级学生矛盾的调解员，负责协调好班级学生之间的矛盾冲突，若之后再有类似事情发生，他们就按照刚才我处理的流程进行解决。

【教育效果】

这两名学生打架的事情处理完之后，我也对班级的其他学生进行了教育：肢体冲突的危害和后果是非常严重的，同学之间更多地需要相互帮助和关爱，多看到周围同学的闪光点；赞美的话可以脱口而出，诋毁的话要三思而后不说。同时，我表扬了及时出来"劝架"的同学向及时来向我报告的同学，并按照班级量化制度对他们进行加分，鼓励同学们做一个温暖的人！

【总结反思】

在教育的路上，老师很多时候需要一定的教育机智，冷静处理，巧妙化解。这个处理过程对于学生来说是一次成长，对于教师来说又何尝不是呢？

漫谈以文化人、以文育人的载体建构

深圳高级中学（集团）　艾春花

　　在经济全球化的进程中，文化是国际竞争的软实力，文化成为这个时代发展的新动力源。在个人领域，文化对个体的影响力也在逐渐增强，尤其对中学生这样一个可塑性强的群体而言，文化有着重要的育人价值。

　　以文化人体现在人们日常的点滴生活实践之中，以文育人具有教育工作上的目的性和导向性。以文化人和以文育人是一个系统工程，需要社会、家庭、学校多方合力。教师要在各种文化载体的作用下培育学生乐观进取、睿智理性、开放包容的品性与人格，促进学生个体身心的全面发展。

一、搭建网络文化传播平台

　　21世纪是全球化、信息化、网络化的时代，随着手机和移动互联网的快速发展，微博、微信、抖音等新媒体赢得了越来越多中学生的青睐，为中学开展文化育人工作提供了新渠道、新手段。因此，中学教育工作者必须根据思想性、规律性、艺术性的要求，立足全媒体宣传，开阔创作思路，创新传播形式，不断丰富网络文化产品的内涵；掌握新媒体使用技能，利用新媒体即时、便捷、覆盖面广的特点，全力拓宽学生思想教育工作的空间；适应网络语言风格和传播规律，把优秀传统文化融入生动活泼的新时代网络文化中，开启"互联网+文化"的育人模式；利用全媒体集文字、声音、图像于一体的传播特点，提高教育工作的感染力和说服力、有效性和实用性。

二、建设社会实践文化基地

文化化人、文化育人不是学生被动接受既定文化影响的单方面传输过程，而是一种多元互动的社会实践活动。这种活动由教育工作者、中学生、教育环境三个基本要素构成。一方面，社会实践活动既是当代学生了解社会、认知国情、增长才干、锻炼毅力、增强社会责任感的重要方式，能有效地把知、情、意、行四个过程融为一体，也是开展文化育人的重要方式。由于学生的主要时间还是集中在校园，德育工作者要更多地发掘学校所在城市、周边社区文化基地的育人功能。另一方面，中学生自身也要积极投身于社会实践活动中，如参观历史文化博物馆、参与社区服务志愿工作等，这些社会实践活动能够帮助中学生在体验社会的经历中涵养自身的行为品格。

三、优化校园文化环境

校园文化环境包括物质文化、制度文化和精神文化三个方面。校园物质文化环境主要涉及人文景观、校园建筑布局、教学设施等，学校要加强这些物理环境的建设和改善工作。在制度文化环境方面，学校要加强管理文化建设，完善规章制度的顶层设计和细节落实，引导学生在人性化的氛围中塑造和健全人格；加强服务文化建设，强化人文关怀，帮助学生在愉悦的校园环境中快乐成长；借助校园重要仪式和庆祝、文娱等活动发挥文化育人功能。校园精神文化环境涉及的范围比较广，从物理环境、制度环境中也可以提炼出一定的精神文化底蕴。校风、教风和学风彰显着校园文化的育人魅力，校训集中体现着校园文化精神。学校要善于发挥课堂育人的主渠道作用，充分发挥课堂教学的教育引导功能，引导中学生自主营造求真务实的优良学风。

四、涵养优良家风

家风就是门风，是家庭在世代繁衍的过程中逐步形成的较为稳定的生活作风、生活方式、传统习惯、道德风范。家风实质上是家庭生活方式、奋斗历程、人文精神和道德情操的积淀与升华。正如卢梭所说："家庭生活方式本身就是一种教育。"家庭作为孩子社会化的第一场所，对学生的价值观形成有着基础的影响，家庭氛围、生活习惯、父母行为品格从小就在孩子身上打下了无形的烙印。在家风育人方面，学校要发挥家长的主导作用。家长从孩子年纪小的时候就应该在一言一行中给他们做好榜样，以身作则，培养孩子养成良好的行为习惯。父母应以平等、宽容、民主的原则对待孩子，让孩子在慈爱而有秩序的家庭氛围中成长，形成适应当代社会发展需要的世界观、人生观和价值观。

五、结语

每一个孩子都是一朵花，需要优良的文化甘露去浇灌；每一位师者都是这瓶甘露中的一个分子，理应播撒教育养料。让我们用心浇灌，静待花开。

破冰·生长

深圳高级中学（集团） 范 葳

【教育背景】

青春期的孩子经常被认为越来越"不听话"，越来越"叛逆"，情绪激动，爱发脾气。这是因为青春期的孩子自我意识迅速增强，注重自我认同感，对事物有自己的看法，希望引起他人的注意，因此有时会表现得"格格不入"，而这种表现是成长中必然要经历的过程。面对"叛逆"的孩子，直接的批评和说教会激起他们高涨的反抗情绪，他们需要的是关注、鼓励与被认同。

【事例重现】

我们班级里有一名女生，初一进校时课堂表现积极，作业质量高，学习态度认真，性格活泼可爱。从初一下学期开始，她逐渐有了"叛逆"的情绪，主要表现为课堂上做与学习无关的事，不尊重师长，不接受教师和家长的建议，喜欢"唱反调"。

我们班的班规在开学时就由全班同学一起制定好，并约定自觉遵守，里面有一条为"若无特殊情况，上课期间不允许吃零食、喝水"。而班级量化表经常有她因为在课堂中吃零食、喝水被扣分的记录。在一次语文课间隙，我看见她正低头吃零食、喝水，当时没有因为她违反班规的行为而中止课堂，也考虑到青春期的孩子有很强的自尊心，尤其是女生，因此没有当众点名阻止。她在吃零食、喝水的时候没有看向我，但也没有刻意隐藏自己的举动。在我说了"下课"之后，我走到她的位置上拿走了她的水杯，并让她来办公室，想就这件事情纠正她的行为，让她明白既然是大家一起制定的班规，就要努力去遵守。让我没有想到的是，她不仅不认同我的说教，还以非常大的声音反问："老师上课可以喝水，学生就不能喝吗？老师上课想喝水，也没有人拦着啊！"当时我和这名学生都处于非常强硬的状态，这场说教以失败告终。

在一次生物课上，我巡堂时发现老师讲课的时候她正百无聊赖地用尺子碾粉笔，做着与课堂无关的事情。发现我走到她身边，她迅速地收起了她的工具，用倔强的眼神和我对视。我伸手示意让她把东西拿出来，她大声地拒绝。下课后我和她单独交流，这次她也同样没有接受。她上课喜欢趴在课桌上，我提醒她听课时保持良好的坐姿，她反驳我："我累了就想趴着，老师站累了不也可以坐着上课吗？"

从与她父母的多次交流中，我了解到这个孩子在初中以前，就是所谓的"别人家的孩子"，她成绩优异，性格可爱，尊重师长，他们对孩子这种突然的转变也感到惊讶和不知所措。通过与她的父母多次沟通，我发现了他们相处时的问题，在给了她的父母一些与孩子相处的方法的同时，我也总结和反思了自己的教育方式。在平时的在校时间，我开始对她进行更多的观察，发现她其实是一个缺乏自信、需要鼓励的学生，因为老师在课堂上给她一点儿肯定，她这节课的表现就会比较积极。因此，她上课再做一些小动作时，我不再直接点明她是在"做不对的事情"，而是适时地点名让她起来回答她能够回答上的问题并予以肯定，这样她就会在接下来的课堂中积极思考，认真做笔记。当她上课趴着的时候，我也不再提醒她应该怎样做才是对的，而是告诉全班同学，下周要换座位了，大家要认真表现，争取自己选座位的权利。听我这样说之后，她会马上调整坐姿，认真听课。

【教育效果】

在每一个小小的鼓励与肯定、每一个侧面的引导、每一次与家长及时的沟通下，她与父母、老师之间的冲突越来越少，课堂状态也有了明显的、积极的改变。她还担任了英语科代表，能在老师不在的时候引导全班同学完成英语任务，管理班级秩序。

【总结反思】

首先，"叛逆"举动是青春期孩子的正常表现，如何应对和引导是教师需要积极思考的；其次，孩子在成长过程中突然出现了问题，教师要及时与家长沟通，从孩子与家长的相处当中发现一些问题所在；最后，不同的教育方式带来的效果差异可能是巨大的，青春期的孩子需要我们更多的耐心、爱心和鼓励。

其实不容易

深圳高级中学（集团）　韦 茜

我怒目圆睁，他欲言又止；我义正词严，他一再否定，我俩似乎谁也说服不了谁。

又到了一周一次的语文辅导时间，我总会在这个时间给孩子们面批作文。今天又翻到这个孩子的作文，我深呼一口气，准备与他好好对话。

这个我一直在关注的孩子，他阳光帅气，每天都挂着灿烂的笑容，迈着轻快的脚步进入教室；他爱好写作，有写日记的习惯，每次完成的作文都精益求精，书写工整，分段自然，言辞精美，极致描绘之能事。对于一位语文老师而言，他无疑是个心头宝。

但是近期，他似乎遇到了瓶颈。

他陷进一个表达的误区，因为他在写作中可以很轻松地描绘一个场面，叙写一个事件，但是每到了需要表达写作意图，或在文末点睛的时候，他总是讳莫如深，让人读来摸不着头脑。两周前我与他面批，他说道："不说，不说，不可说，文章如果说得太明白就不高明了。"他认为读者应该认真阅读、反复咀嚼他的用意，高明的文章应该有高明的读者。这种观点我很不认同，我试着仔细与他分析改卷老师的内心活动，分析写作的目的是让读者能够更好地接受作者的观点，只有作者真诚地表达，读者才能愿闻其详。他星眸闪烁，时而皱眉，不久眼神似乎坚定了，听懂似的点头，离开。我心里窃喜，三言两语又给一个孩子说明白了，真好。

事实上，我也没放松，接下来的一周，我在专题为"作文的立意"的写作教学课上，专门提到立意需要篇末点题，需要中心句揭示主旨服务读者，并在全班明确。在那堂课上，我几次观察，他似乎都若有所思，他的每次点头，我都心生欢喜，我心想他肯定明白了，不会再用晦涩的表达考验读者。

那天我批阅他的作文，却发现他迷而未返。

在文章中，他描写了脚手架工人辛勤工作的场景，有细节、有描写，很有画面感，但是他最后联系自我，升华主旨时，文章出现大量的引号，需要读者去揣测琢磨，文章都是看似"高明的表达"，需要读者自悟，我很着急！为了表达的高明而为难读者，这是表达者的大忌，体现的是表达者的傲慢，好的写作是为了让读者更好地读懂作者的意图，而不是处处设难，只有真诚的表达才能换来真诚的理解。

但，我该如何跟他说明白？

深呼吸后，我再次与他细说，听到他还是那句"文章如果说得太明白就不高明了"，我着急坏了！我以为自己上次的表述已经很清楚，以为他已经明白，原来一切都是"我以为"。急火攻心，我忍不住提高了声调，怒目圆睁。

全班都安静了，我看着眼眶泛红的他，心里很不是滋味。我应该好好跟他说的，可以再耐心一些，再听听他的想法。

我才发现，要跟孩子们说明白一个概念其实没那么容易，需要再想办法、换个角度引导。想起当年自己读师范的时候，我是那么高兴，认为可以为人师表，以为可以轻松地指点江山，现在想来，其实教育、教学没那么容易，一句话、一节课不一定能解决既定问题，不仅需要方法、耐心，更需要等待的勇气。

孩子，对不起，老师再给你讲一次，好吗？

浅谈信息奥赛在初中的教学现状
及提效方法

深圳高级中学（集团） 杨柳婷

随着5G时代的来临，人工智能在近年来逐渐进入社会。阿尔法围棋在与人类的围棋博弈战中胜出，展现了"阿尔法狗"并不以人类认知为基础，它对国际象棋的理解完全来源于自我学习能力。这一时代的来临提醒着人类信息技术的重要性。信息奥赛自1984年开始在全国开展，旨在在广大青少年中普及计算机教育，推广计算机应用的一项学科性竞赛活动。

深圳市中小学信息奥赛的课程开展情况较少于广州、佛山及中山地区，开设信息奥赛课程的都是高中阶段的学校，以班级为主开展系统学习，但是现在初中年龄段涌现了一批对编程感兴趣的学生。因此，我校以校本与社团的形式，为感兴趣的学生开设了信息奥赛课程。本文就学生的学习情况进行分析，并总结与反思更好、更高效的教学方法。

一、信息奥赛教学存在的问题

学生在初接触信息奥赛时，难以将生活及学习的语言转化为计算机语言。在学习训练中，学生对学习内容的陌生感容易迁移，遗忘速度快。在习题练习中发现存在阅读困难、知识点应用困难以及从题目中找到关键字和找到对应的解决方式比较困难。学生阅读程序上下文再完善程序的题型正确率较高；但对于给定的文字题目时，容易迷茫，不知从何下手设计程序，无法提取关键字，不能将所学知识与生活相应的概念进行关联。心理学认为，如果学习者不了解材料的意义和内在意义，这种记忆属于无意义记忆，即机械记忆。那么，在后面算法学习当中，知识点越难越容易打消学生的学习积极性。继而使学生容易产生知识的负迁移，即一种知识对另一种知识的学习产生抑制作用。

我在教学中发现，初中一年级学生的逻辑思维能力相较于初中二年级学生有明显的差异。例如，对于递归思想的理解，同样的课程内容与教学方法，初中二年级学生一点就能明白，并且能够触类旁通。但初中一年级学生接受的效果就不乐观，需要用2课时进行讲解，并且后续遗忘还快。初中一年级学生的思维发展水平属于形式运算水平，仍需借助图像、文字进行理解。从初二开始，学生的抽象逻辑推理能力开始发展，学生能够进行抽象的符号运算，离开具体事物能够进行逻辑运演算。因此，初中二年级在信息奥赛的接受能力明显强于初一年级。

二、教学提效方法

第一，重视模块化教学，由浅入深开展。课程内容分配应加强阶段性知识点总结，实现知识滚动，加强学生的记忆点。因信息奥赛每周只上一课，根据艾宾浩斯遗忘曲线，一周后，学生基本已经遗忘大部分。因此，教师在每节课前应该对上节课的内容进行回顾，连接学生已有知识点，建立学生记忆联系。在较难知识点的学习中，教师可以将难点、重点与经典的例子进行连接，可借助数学和科学学科知识，帮助学生理解与记忆；借助学案，引导学生用自己的语言去解释生涩的内容，促进思考，加深有意义记忆。

第二，借助动画、视频等多媒体资料有利于学生理解算法。例如，刚开始讲授高精度加法时，在第一次教学中，我使用黑板画图及语言传授进行教学，学生学习效果比较差。学生在图画解释时看懂了，利用小学学习的加法算式，能够明白其中原理，但结合程序时他们就开始混乱了，涉及对数字的处理、字符数组和数字数组的转化等复杂操作和最后对程序的理解也是似懂非懂。我在第二次教学中，在网络中精选优秀的讲解动画，再结合PPT教学，设计好导学案，一步一步演练所需达到的目标，推导出对应的语句，再对语句进行归纳总结，加强学生的理解。教师要在学生对问题产生思考萌芽时，及时进行引导，让学生能够一边学一边思考，达到教师还没讲到而学生便可自己往下推导的效果，使学生学会学习。算法的数据排序学习同样展现出动画学习的优势。例如，学习冒泡排序时，我引用了一家五口比身高的动画案例，借助爸爸、妈妈、爷爷、奶奶、女儿五人来模拟冒泡排序的核心思想，最后抽离动画，总结冒泡排序的本质。此种动画学习更能够加深学生对冒泡排序的记忆度，便于知识点的提取与应用。

第三，借助网络平台，用"游戏"模式练题。教师要尊重学生的个体差异性，采用分层任务布置进行教学。初期训练题的选择多以半成品程序的方式，针对刚对编程产生兴趣的学生，以鼓励式教学为主，接下来让学生根据题意补充填空，使学生能够自主实现编程，从中获得成就感，树立学习自信心。教师要善于借助网络平台进行训练，平台设置新手村任务、普及组、提高组，利用游戏化的闯关模式，带领学生完成程序的编写。平台会适时举行月赛或团队公开赛，以激发学生的学习热情，提高学生自主合作的学习能力。

鲜花的呼唤

深圳高级中学（集团）　麦智灵

【教育背景】

在青春期，单亲家庭的孩子更容易缺乏安全感，他们不知道如何表达自己的情绪和想法，往往也不善于沟通。我们教师能做的就是给予他们爱和耐心，重建他们人与人之间的信任，让他们感受到安全和温暖。

【事例重现】

没有当班主任之前，我一直都觉得当教师不过如此：上课、备课、批改作业，最刺激不过就是和学生一起面对考试成绩。所以当时学校让我承担班主任工作，我就一口答应并认为当班主任也只是多管管学生而已。

直到遇到了李明同学，我的这种认识才开始改变。他是一个单亲家庭长大的孩子，性格内向，常常上学迟到，不交作业，不太愿意与老师交流，连课上教师点名提问，他都不回答。虽然多次找他谈话，但都是以我气急败坏、他刀枪不入的结果而告终。眼看初一快要结束了，情况还是没有转好。看着他每况愈下的成绩，我非常着急。我想，既然关于学习的话题不回应我，那就找找其他话题吧。只有让他先开口回应我的问话，才有机会对他进行深入的了解。我看着自己办公桌上刚快递来的鲜花，突然有了主意。我走进班级教室，环顾四周，看到他在角落，我径直走向他，说："帮老师一个忙吧，过来办公室一趟。"他半天没动，我心里其实很没底，不知道他到底会不会理我，于是又说："快来！"我转身假装很着急地往办公室走，他这才慢慢跟过来。到了办公室，我把花和花瓶以及一把剪刀递过去给他，说："帮老师插个花吧。"我心里念叨着，千万不要拒绝我！我担心他不干，补了一句："我还没改完今天的作业。没时间插花了。"他犹豫了一下，接过花，点了点头。见此，我松了一口气。午休过后，回到办公室，看到桌上的花，我惊喜万分。红色的玫瑰错落有致地插在花瓶里，叶子剪得整整齐齐的。真没想到，李明还会插花！我把他叫到办公室来，问："你学过插花吗？"他摇了摇头。我说："你是怎么想到这样插的？"他隔了一会儿，说："我觉得花瓶里的花不需要那么多叶子，所以剪掉了一些。花的高度都一样，花就很拥挤了，所以分了两层。"这是他跟我说过的最长一句话了！我开心地说："好棒！你插的花真好看！以后的花能都交给你负责吗？"他点点头，说："嗯。"

从此以后，订的鲜花一到，我就让他来取。每周一中午的午休时间，他都在教室一丝不苟地插花，在下午上班前默默地放到我的桌上。每次插好的花，我都会拍照留存，并给他妈妈发过去，让她知道自己的孩子细腻、专注的一面。我在班会上展出过他给我插花的作品的照片，大家看了都非常惊讶这是出自李明同学之手，纷纷向他投去敬佩的目光。我说："李明同学不仅有创造力，并且非常有责任心。自从答应承担插花的任务，每周都是准时准点高质量完成。我们要向他学习，并把这种态度用在学习和生活的各个方面。"同学们给予他热烈的掌声。李明始终没有说话，但我从他微微扬起的嘴角和紧抓衣袖的手指可以知道，他内心应该是开心的。我没有找他过多地聊过学习，但我注意到他上课看我的眼神渐渐地聚焦了；我没有提醒他早点到校，但他渐渐地提早了；我没有催促他交作业，但我常常批改到他的练习。鲜花一订就是三年，他为我插花这件事从未间断。

初三的某一天，语文老师拿着一张试卷走到我跟前说："给你看一篇李明写的作文，关于你的。"我疑惑地接过来，作文的题目叫"鲜花的呼唤"。里面是这么写的："我不了解鲜花，从品种到它们的保鲜方法，也不知道怎么修剪，甚至不知道怎么换水。有一天，麦老师拎着一盒鲜花走进班级，找我帮她插花。

我其实很怕会搞砸，但是转念一想，老师既然信得过我，那我做好便是了。慢慢地，我由一无所知，到渐渐上手，看着插好的花充满了生命力与朝气，还有麦老师满意的笑脸，我很高兴。"读完后，我很有感触。真的没想到，这个小小的任务能让一名学生心里产生那么大的变化。更没想到，我能让他感到信任与安心。

师生关系很微妙，有时候不是教师直接提出建议，学生就会听从、改正并信服，反而是其他不经意的举动，建立起了师生之间信任。我非常感谢李明同学，是他让我感受到了信任的力量。

【教育效果】

经过三年的关注及陪伴，李明的进步是突破性的。性格内敛的他渐渐地主动跟教师点头问好，对待教师的提问也不再是以沉默代替，落下的功课也赶了上来，而且中考也以不错的成绩考上了理想高中。

【总结反思】

教育就像春雨，润物细无声。教师持之以恒地用耐心去倾听，用爱心去感化，用行动去关注，用真心去体会，学生一定能感受到教师的用心，与教师建立起信任，渐渐形成安全感。我认为，教育从来都不是单方面的，而是双方的滋养。对于李明同学来说，他收获到理想成绩之余，最重要的是建立起对人的信任以及获取打开心扉的信心；对于我而言，它让我懂得要学会关注学生成绩以外的信息，尝试放缓脚步聆听学生内心的声音，洞悉学生的需要才能走进他们的心中。师生关系不是屈从权威、被迫接受指令的上下级关系，而是发自内心的信任，是亦师亦友的关系。只有建立起有安全感的环境，师生才会有平等交流以及一起探索知识的愉悦。

相容成趣时，教育开满花

——黄梅一中教育实习侧记

深圳市高级中学（集团） 李元芳

带着躲避的纷尘直奔向你们，

虽然此地我已熟悉，

但我依然向往另一番天地。

食堂的馒头和粥，

明明惨淡淡没有颜色，

我却每天毫无忧愁，

更加快乐。

一切那么舒适、多彩，

我就像在世外桃源里，

看着你们，一本本可可爱爱的书，

没有污秽，没有沉重，没有艰涩，

也没有压力。

我喜欢你们，因为你们先爱上了我。

谢谢你们！

2019年6月1日，我独自一人再次来到湖北省黄冈市黄梅一中，我要去看看我聪明的桂麒小可爱、直白帅气的小麟子，并且讨要大明星陈晓春欠下的奶茶，顺便对小强说一句："没关系啊，我原谅你了。"Kevin一直跟我说着班上的事情，他仿佛一直在等待"六一"的契机劝我回去看看他们。我从来说话算话，他们是知道的。我趁着中午睡觉的时间，偷偷坐在一名学生的座位上，他们睡醒后抬头便看到了我。桂麒小可爱终于抓住了机会，再次把他准备好的礼物送了来。这个慢热的孩子，曾经急着满食堂找他的实习老师。连他也变得不一样了，真好！我也不知何时就注意到了他，只是觉得他笑起来腼腆内向，像一个值得去保护的弟弟。有时候我会开玩笑地点起"麒麟组合"，因为小麟子爱和他黏在一起。或许因为我的敏锐，班上学生都觉得我很了解他们。

怎么不能呢？我也曾有一份美好的学习记忆。高一的他们不就像曾经的我吗？我只想把快乐传递，希望有一个人走进心里，然后默默努力，积极承担责任和使命。他们好奇，却小心翼翼探索；他们憧憬，却思虑良多；他们成熟，却看不清自己。这个神奇的青春年岁，值得去深深创造和记忆呀！

伴着明媚的阳光，2018年9月，我站在了他们面前。或许一袭吊带裙稍显稚嫩，却无意刻在了他们心里。他们说，这是一个可爱、漂亮的小姐姐，难以忘怀第一眼。我守着阅读课，跟着他们看了一眼教室，然后花了两天记住所有人的名字。第二周，我正式上台讲评作文，细化到了格式、词语和句子，假装成熟得像一名真正的教师。在课堂上，我听到了他们的积极讨论和哈哈大笑，我想他们是喜欢我这个实习老师的吧！

接下来的日子，我陪着他们看书、自习，与他们斗智斗勇：让物理老师请"大明星"讲题，逗趣"小老鼠"奉献他的零食，和他们对战乒乓球。我也申请给他们看我们华中师范大学戴建业教授的诗教视频。当然，最精心、最努力的还是给他们上课。

讲到《雨巷》，我会创设情境带领他们还原丁香姑娘的形象和诗人与其相遇不相识、擦肩而过的场景，讨论丁香姑娘的多重象征；讲到《再别康桥》，我分小组让他们通过字词鉴赏诗节，并指导相关朗读；讲到《大堰河——我的保姆》，我深情地通篇朗诵，让他们在倾听中体会大堰河凄苦的形象和艾青对乳母、对劳动人民深切的爱；讲到《记念刘和珍君》，我给他们总结鲁迅其人其文。我用尽了黑夜备好这些课，因为对于还未上过讲台的我来说，教学的机会太难得了，我珍惜我的每一堂课，珍惜我与学生思想碰撞的每一个机会。我认真反思我的课堂，我知道即使是再小的一篇课文，也应该精心设计。或让学生感受到语文的乐趣，或让学生懂得做人的道理，或增强学生的语文写作与表达能力，或传授学生一种阅读方法，不管是哪种收获，语文教师都必须用心，用心地与学生换位思考，了解学生的需要和兴趣。唯有如此，诗意的、温情的语文世界才能为学生所钟爱。

我到此便是为了学习一个新晋语文教师的教学技能，但是在这个过程中，我找到了教育教学的意义，更明确了语文教师教书育人的使命！就像《华严经》所说："人与人之间的关系、人与世界的因缘关系'譬如众镜相照'——每一个人都是一面镜子，你的镜子里边映出了别人的影子，别人的镜子里也映出了你的影子。"我们都不能轻视自己，特别是作为师者，我们说的一句话或者做的一件事，我们的态度诚恳不诚恳，并非对社会来说无足轻重，而是起着微妙的作用。

我与这群陌生的孩子配合得越来越有默契，他们能够感知我的语言系统，我也懂得他们言语背后的意思。小吴同学住校，却总是在下课时偷偷给我零食，除了他生病那日，每天如此；在即将离开的一段时间，小麟子有时会直直地呆看我，那眼神不是观察审视，而是深深的不舍；小强同学也在默默地希望能更多地听到我的课。他们说最喜欢我讲的《再别康桥》和《大堰河——我的保姆》，因为从来没有人教他们朗读；他们说，自从我来到班上，整个班级变得很不一样，既有活力又积极且有爱！他们说了很多很多，我相信他们说的每一个字，因为眼神不会骗人，眼泪不会骗人，离别的书信也不会骗人。他们就是我的精神食粮，是他们的喜爱让我深爱着教师这个职业，是与他们的和谐相处让我充满了教育信心，是他们的依恋让我感受到"自我实现"的成就感。

马斯洛曾提出他的哲学理论——"自我实现"。他认为每个人都有权利实践和完成自己最宝贵的东西，一个真正伟大的天才，他的这一份自我实现的需要是不可遏止的。我感谢我的这些学生，在我心里，他们永远是我的第一批学生！

花开向阳

深圳高级中学（集团）　李　娜

【教育背景】

初中阶段是儿童向少年过渡的关键时期，孩子们在心理和生理上都会发生很大的变化。作为教育工作者，面对着各有特点的孩子们，在这人生的特殊阶段我们如何引导他们，在他们迷茫的时候给予他们什么样的指引，一直是教育工作者研究的热点问题。在处理具体问题时，我们的一念之差可能会给他们的成长带来不可逆转的影响。但是作为一名教师，作为孩子们信赖的人，我们只要心怀阳光，多一些肯定，多一些赞许和宽容，让孩子们相信自己，帮助他们重拾信心，陪伴他们前行，这些小小人儿会向着阳光绽放起来的！

【事例重现】

9月份开学，我迎来了一群天真烂漫的孩子。因为刚进入初中，在新奇的环境和满心忐忑中，他们还算乖巧听话。但，很快就有一个"小刺头"迫不及待地"活跃"起来了。

"李老师啊，你们班的那个小楷，真是没办法了，上课不停地插话，课都没法上了。"

"老师，老师，今天上课小楷又在那儿啃手指甲，好不卫生啊。"

每次听到诸如此类的投诉，我都火冒三丈。急匆匆地跑进班里把他揪出来，兴师问罪。可他居然比我还要不耐烦，站在我面前嘟嘟囔囔："又有什么事啊？""你再不让我进去上课，我的作业又做不了。""哎呀，好烦啦。"

我能说我更烦吗，今天批评教育了明天又换个花样出状况，跟小楷的妈妈沟通，她说孩子小学就是这样，个子比同龄孩子矮，行为习惯上的表现也更幼稚，她也是很无奈，没有办法，麻烦我多费心。

哎，我不能让我的科任教师在我的班里烦躁地上着课，我也不能让我的学生看到我在处理小楷的问题上如此无能啊，怎么办呢？在这样的焦虑中，时间又过去了一周。

这天是周一的班会课，我一只脚刚迈上讲台。

"老师，老师，今天上课，小楷把手伸进衣服里面摸自己的肚子。"

"老师，今天课上他又接话，老师都罚他站了，他还是说。"

"老师，别人回答问题时，他总是插嘴。"

"老师，他又吃手。"

"老师，他总在那儿自言自语，好烦啊。"

"老师，老师……"

熟悉的告状声排山倒海般地刺入我的耳膜，心中的怒火又噌地一下点着了，感觉自己马上就要爆炸了。我三步并作两步地奔到小楷面前，正当我要大展咆哮功时，突然看见他满脸泪水、啜泣着，瘦弱的身子剧烈地抖动着，如同风雨中失去了保护的小鸟，单薄、无助，而此时的我不就是那只狰狞的老鹰么？作为教师，我顿觉羞愧难当。看着如此怯弱的他，这一刻，我只想保护他，就只想像一个妈妈一样去温暖他。

我揽他在我的肩头，轻轻地拍了拍他的肩膀，牵着他走到讲台上。

我平静地对满脸诧异的学生们说道："同学们，你们知道我对深圳最大的感受是什么吗？那就是仿佛深圳的每一棵树都会开花。每次我去公园散步，我都惊喜地发现，哇，这棵不起眼的树居然开出了花！它们或艳，或暗，或繁密，或稀疏，或芳香浓烈，或清新淡雅；有的开放在春天，有的开放在夏天，有的在秋天，还有的开放在冬天。总之，它们就这样一年四季轮番地点缀着我们美丽的城市。因为这样，我常常感恩着深圳的太阳，因为它充足、温暖，让每棵树都拥有着自己的花期。如果，我们对待小楷能多一些阳光，是不是就能发现他身上的闪光点呢？"

教室里的空气仿佛凝固了，一片寂静，突然，我期待着的声音响起了：

"老师，他语文成绩好像不错。"

"老师，他喜欢看课外书。"

"老师，他上次考差了，还哭了，他其实挺在乎学习的。"

……

我很欣喜地听到，孩子们在我的引导下说出了小楷的以前从没被发现的优点。我补充道："同学们，小楷原本就有这么多优点，我们却没有发现，但是只要我们像现在这样心向阳光，就一定能感受到别人身上的光芒，不仅仅是小楷，我们每个人身上都散发着不同的光芒。"最后，小凯在同学们的掌声中走下了讲台。

课后，我找到小楷，"老师今天是不是很够意思，在向着你说话。"

"嗯，是的，老师。"他抬头感激地看了我一眼。

"但是同学对你的看法还是取决于你的行动，从今天开始，能不能让老师看到你的进步？"

小小的孩子一脸坚定地回答我："老师，可以的。"

【教育效果】

接下来的时间，小楷在慢慢地改变，长时间没有学会跳绳的他，居然在周末苦练跳绳。同学告状的声音也少了，我甚至还看到他所在的小组用他的名字来命名。

【总结反思】

事后，我常想，那天如果我没有及时地调整自己，及时地保护小楷的自尊，及时地提醒孩子们的善良与友爱，及时地引导孩子们去发现同学的优点，小楷可能至今都在我更歇斯底里的批评和同学们更加强烈的歧视下迷失着自我。是的，只有在自己和孩子的心中都种下一颗太阳，我们才能一起始终向阳开花！

"小熊"变身"小熊猫"

深圳高级中学（集团）　周　莹

【教育背景】

刚入小学一年级的孩子，来到一个全新的环境，周围都是陌生的老师和同学，容易产生情绪焦虑问题，尤其当孩子本身家庭里的安全感不够时，问题更加凸显。小学和幼儿园的教学模式不同，教师会对孩子提出诸多规则，并有学业要求，这使孩子的安全感缺失，加上焦虑情绪等，会导致孩子行为异常。

【事例重现】

一年级学生刚入校，其中有个小姑娘，胖胖的，个头超过同龄人。她看起来有些自闭，不和老师、同学交流，不说话也不笑。上课时，她会突然离开教室，如果老师追出来，她会拒绝返回，还会大哭大闹。有时，她还会对老师和同学有拍打、拉扯头发等暴力行为。这样一个大块头、沉默寡言、行为异常的孩子，看起来真像一只暴躁的"小熊"。

由于她有不自控的行为，特别是在上课时间随意离开教室，存在安全隐患，所以班主任很快约谈了家长。然而一次次沟通，家长虽然态度配合，却毫无成效。看来，一次深入的会谈必须尽快展开。于是，作为年级长的我要求班主任尽快约谈父母双方，来一次恳谈会。

恳谈会上全程基本都是父亲在聊孩子的种种，感觉母亲平时对孩子关注较少。父亲说，在幼儿园期间孩子已经是这样的表现了，但幼儿园对孩子的管教比较宽松，允许孩子自由玩耍，也没有学业要求，所以问题还没这么凸显。进入小学后，学校不仅有纪律上的要求，上下课都是统一行动，还有学习上的要求，孩子就受不了，产生严重的情绪问题，家长也不知道该怎么办，总觉得孩子是不是自闭症或多动症。总之，作为家长，他们感到无助而焦虑。

基于对教育心理学的认识，我仔细追问了孩子3岁前的教养经历，这下问题的关键点终于浮出水面。父亲说孩子3岁前一直由远房亲戚照顾，这位长辈腿脚不便，又住在楼梯房的顶楼，所以基本没带孩子下过楼。而父母双方工作繁忙，很少去看孩子，在孩子3岁时才第一次带她下楼玩。听到这里，我和班主任都惊呆了。这样的教养方式，孩子有如此的表现，那就不足为奇了。

我对两位家长说，孩子可能有一定程度上的自闭，但多动应该不至于。从父亲的陈述中，我初步推测孩子很可能由于长期被忽视、缺乏人际交往而导致心理问题。如果父母给予孩子足够的爱与关注，情况应该是可以扭转的。同时我们也建议父母立刻带孩子去医院进行诊断，在医生的指导下接受科学治疗。父母也需要多看看心理学方面的书籍，多和心理老师沟通，改变自己的教育方法，重塑亲子关系。听到我这样说，父亲表示认同，会积极配合。

接下来，孩子的父亲带着孩子去儿童医院进行了诊断，每天下午都请假治疗，情况确实有所好转。但她上课随意离开教室的情况仍然存在，甚至有一次跑到地下车库，具有严重安全隐患。为此，我们又联系家长，为了保障孩子的安全，要求家长必须陪读。

没想到爸爸的陪读居然成了孩子行为倒退的导火线。为了不影响课堂，爸爸每天在教室外陪同孩子上课，当孩子离开教室时，爸爸会追上去劝说孩子返回教室。然而孩子看到爸爸在，情绪会比平时更加激动，有时发出的哭喊声能影响整栋教学楼。这可怎么办呢？心理老师指出，孩子在建立安全感的过程中，会产生行为倒退现象：正是由于对爸爸有强烈的安全感，所以孩子才会下意识以异常行为试探爸爸对自己的爱与关注、试探爸爸会不会无条件地接纳自己。

这个问题如何解决呢？总不能因为孩子的异常影响到全校师生吧。我们又找来家长，进行了第二次恳谈会。这次母亲没有出现，只有父亲到场。班主任陈述了孩子近期表现后，希望父亲给孩子提出要求后，要有原则，态度要坚决。但这次父亲和老师的意见有分歧，他觉得应该遵循心理老师的建议，给孩子更宽容的环境，让孩子知道爸爸会无条件接纳她，这样才能建立足够的安全感以扭转局面。可孩子这样的表现对整个小学部影响太大，会干扰到其他班级的学生与老师。这时，班主任突然想到父亲前期的陈述中提到孩子在幼儿园时，对一位老师比较有信任感。能不能请这位老师来陪同孩子上课呢？父亲为陪孩子已经很久没有工作了，听到这个建议，他也欣然接受。晚上他就联系了幼儿园老师，老师表示愿意来陪读试试看。

危机也是转机，自从一年级上学期末陪读老师来到学校后，孩子开始发生了很大的变化：陪读老师对她无微不至的关怀和百分百的关注，给了孩子足够的安全感；陪读老师温柔而坚定的态度，让孩子慢慢对规则意识有了概念；陪读老师手把手地教孩子，让她对学习慢慢产生了成就感，兴趣越来越浓；陪读老师经常下课带孩子整理教室桌椅、图书等，帮老师和同学做一些力所能及的服务工作，让孩子对班级渐生责任感。而家庭的氛围在爸爸的带动下也朝温馨有爱的方向延伸：爸爸温柔接纳了孩子的一切，近来多抽时间陪伴孩子在家的时光，后来妈妈还怀了二胎。

【教育效果】

小姑娘现在读三年级下学期了，听班主任说，孩子的情绪已经非常稳定，再也没有出现过情绪爆发或离开座位、离开教室的情况。她学习非常努力，在各科考试中居然名列前茅，特别是在三年级上学期的数学荣誉体系选拔考试中，以优异成绩考进了A班。孩子的父亲在家长会遇到我和班主任时，总会表达深深的谢意，感谢我们当年给了他中肯的建议，并一直关注孩子的成长，让孩子重获新生。看到孩子巨大的变化，父亲希望孩子能逐渐独立，试探着让陪读老师慢慢离开孩子。三年级下学期开学以来，我们观察到孩子的行为已经一切正常，和普通孩子没有任何区别。大家都笑称她"'小熊'变成了'小熊猫'",真是温柔又可爱。

【总结反思】

历时三年,"小熊"到"小熊猫"的转变,在北校区已经成为一个经典案例。每当新来的孩子出现行为异常,大家总会提起"小熊猫",给家长和老师信心。孩子的转变天差地别,总结起来有以下几点:

第一,教师在工作经验的基础上,最好也要有一些心理学常识,可以对孩子有个初步判断,一方面能缓解家长的焦虑,另一方面也可以指导家长及时干预治疗;第二,家长要正视孩子的问题,不回避、不抗拒,去医院或权威机构进行诊断并科学治疗,同时家长要多学习教育学和心理学方面的知识,以温柔而坚定的态度对待孩子的异常行为,给予孩子足够的耐心和包容,同时要像文中的陪读老师一样,对原则性问题温柔地坚持;第三,班主任和各科任教师要做好打持久战的准备,教师长期的耐心陪伴、爱与包容特别重要,能给孩子在学校建立一个心理上安全的环境,给家长和孩子更多的信心;第四,如果孩子确有必要陪读,对陪读老师的选择也很重要,总体来说请陪读老师可能比父母亲自陪读的效果会更好。

虽然这个案例中孩子发生了巨大的转变,但我也注意到孩子母亲角色的缺失。据班主任反映,孩子的母亲直到现在,对孩子还是比较冷淡,缺乏陪伴与关注,特别是有了二胎后,更加忽略孩子。家庭教育中母亲位置的缺失,是否会对孩子将来的人格塑造产生影响?孩子目前学习看上去没什么问题,但全依赖于陪读老师和父亲在家里不间断地辅导,孩子独立学习的能力还不容乐观。在人际交往方面,孩子与同龄人的交往非常缺乏,大部分时间仍然独来独往。随着年龄的增加,这会不会给孩子在心理上带来新的问题?这值得我们进一步观察和反思。

一个不敢来老师办公室的孩子

深圳高级中学（集团）　强萍萍

【教育背景】

在中学阶段，学生正处于青春期，是性格培养和"三观"树立的重要阶段。学生以"违纪求关注"成为当今初中校园生活的普遍现象。如果这个时候没有给予干预，那么越演越烈的"求关注"可能会造成对学生自己或他人不可避免的伤害。

【事例重现】

刚接手这个班就听说有一个"大名鼎鼎"的学生，我带着忐忑的心和他初次见面，却被他天真的笑容感染到。但没过多久，他就开始"搞事情"，和同学发生口角之争、肢体冲突，无视课堂、吵闹走动等。当我去解决这些琐碎的违纪行为时，他都一口咬定说是别人的错，并用哭泣的方式喊冤，企图求得怜悯……面对屡屡违纪的他，我下定决心更深入地了解他，课堂上对他"特别"地观察、以朋友的身份和他聊天、了解别的同学眼里的他，经过一段时间的深入了解，我大抵清楚：其实他无意伤害别人，他的初衷只是想和别人一起玩耍，甚至通过简单地说话，以期望得到别人的关注，这让他觉得很有存在感。我继续深挖根源，才发现他渴望表扬，而这源于之前受过太多的批评。

我惊异于孩子的心灵如此脆弱与敏感，又想到其内心的积怨如果不能得到及时的疏导又会留下怎样久远的影响。于是，我决定对他进行干预。

那天放学了，我见他和同学在班级打闹，叫他们去办公室跟我说明情况，结果他背起书包快速往教室外面跑，我还纳闷去办公室需要跑这么快吗？原来他直接回家了。我和他妈妈沟通后才知道他特别害怕进办公室。在小学，他和爷爷奶奶住，缺乏督促的他在学校经常被批评。我这才明白他为什么跑那么快离开学校。当心里的痛处被触及时，孩子就像刺猬一样，竖起了全身的刺，用最直接的办法保护自己，所以他推卸责任，企图逃脱。

从那以后，我总是找机会表扬他，让他负责他擅长的班级活动，引导其他学生看到他身上的闪光点，并且对他表示肯定。每个孩子都是一颗希望的种子，只有用心培育种子才能长成参天的树木。而在这个过程中，容不得半点疏忽……记得那节课上发生了这样的对话："以上三种方法，大家都听明白了吗？"我问道。学生们回答："懂了。""好，那给大家一分钟时间整理一下。"这个时候他举起了手，从不举手回答问题的他让我懵住了，问他有什么问题。"老师，这个题目还可以用倍长中线去做……"但我还没等他说完，就打断了他，我想他可能又想扰乱课堂纪律，最后他悻悻地坐下了。接下来的事让我更加震惊。心里五味杂陈，有愧疚、有感动、有欣慰……下课后他跑来办公室告诉我说他的做法可以的，当时我身边有另一位同学正在问我问题，于是我对他说："好啊，那你等一下跟我说，好吗？"他真的耐心地在旁边等我给另一名同学讲完。最后听他讲完后，竟然发现他说的完全正确，我欣喜且后悔，为什么没有在课堂上让他说完，这是一个多好的表扬与鼓励他的机会啊。我们教育工作者必须以一种如履薄冰的心态面对自己的工作，只有这样，才能把一颗幼小种子栽培成参天大树。

【教育效果】

两年时间的努力，他从惧怕去我办公室到主动带着问题去我办公室讨论，这个转变让我感受到了无数教育工作者渴望的那种欣慰。他终于变成了自己渴望的样子，也变成了大家渴望的样子。他再也不用拍打别人去求得关注，而是自信地融入这个集体。

【总结反思】

其实多数孩子都渴望被关注、被鼓励、被表扬，每个人都有成长的权利和机会，也都有闪闪发光的方面。教师和家长容易惯性地忽略孩子成长需要的时间和引导，总想快一点、再快一点看到他们懂事，像成年人一样约束自己，可是谁又不是从孩子过来的呢？让我们从点滴开始，从让一个害怕来老师办公室的孩子到主动来找我们开始，小心翼翼地呵护每一颗种子，为社会造就更多栋梁之材！

一个渴望爱又懂得爱的孩子

深圳高级中学（集团）　刘晨歌

【教育背景】

一年级的学生在刚入学的时候，会因为不适应而产生抗拒、畏惧等心理，教师能做的就是用爱去给他们自信，让学生明白从幼儿园进入小学他们的表现是很棒的，让学生明白小学生活是丰富多彩而又充满关爱的。一直以来，在我的内心深处都有一种执念，那就是不论什么样的学生，只要我用真心去爱他，他就一定可以感受到这份温暖。

【事例重现】

开学的第一天，我就发现了班上一个小男生，他瘦高的外形给人一种柔弱的感觉。

这个孩子的妈妈告诉我，她和爸爸都很忐忑，害怕儿子在学校惹祸。也正如他们所担心的那样，刚开学的前两周，他真可谓"事故"不断。

上课，学生回答问题都是举起小手，而这个小男生会直接在课堂上大喊大叫。当然，教师已经和同学们说好回答问题要举手，因此，他并没有得到回答问题的机会，更没有得到加分的机会，于是，他很生气，并生气到哭，生气到独自一人躲在教室的后门。

下课，这个小男生想擦黑板，可是黑板管理员已经在擦黑板了，他不仅因此而生气，还会从同学手里夺黑板擦，甚至动手。

放学，学生排路队回家，这个男生在前面领队，可能出于激动，他在队伍前扭来扭去。于是，老师让他回到队伍，等调整好状态后再来担任领队。结果他的情绪又一次爆发，所有的学生都排队往校门口走，而他大哭不止，躲在小学部一楼架空层的柱子后面，直到他爸爸进来接他。

【教育效果】

感受到爱的孩子更愿意敞开心扉。其实，小男生的爸爸妈妈把更多的关注力放在了他的妹妹身上，而小男生想通过各种方法来引起家人的注意。他也非常爱自己的妹妹，老师给他的奖励他会选择粉色的，因为妹妹喜欢粉色。在我和他的爸爸妈妈进行了多次沟通后，他们开始给予小男生鼓励、肯定、温暖和信心，他像变了一个人，变得那么温暖、那么懂事。

上课时的他，眼睛没有离开过老师，坐姿也是那么的端正，一个多余的动作都没有。每一次的提问他都会端正地举起小手，等待着老师叫他的名字，而他每次的回答都会让老师赞不绝口。

下课时的他迫不及待地跑来给老师分享他新朗诵的唐诗，从《赋得古原草送别》到《钱塘湖春行》；他会一口气背下来一长串成语接龙，然后给我一个充满自信的笑脸。

他懂得了分享与合作、谦让与理解。他会主动帮助我分发作业，提醒黑板管理员擦黑板，会时而给我一个拥抱，会叮嘱我记得休息眼睛，会默默拉起我的手把我的手表转正，宛若一位小绅士。

他的脸上没有了生气时的不高兴，每天挂满了笑容，充满了自信和活力，更多的是他和同学们互相分享阅读故事的身影以及互相交流书写绝招、跳绳绝招的身影。

【总结反思】

孩子的心理世界是那么简单、纯粹，看似再小不过的事情，或许这正是孩子情绪的抵触点，可能一件微不足道的事情恰是打开孩子心房的那把钥匙，如老师的一个微笑、一个眼神、一句鼓励的话等。作为一名教师，我们要给每一个孩子无私的关爱和充分的信任，在肯定中不断成长的孩子会更加快乐和健康，同样也会发自内心地热爱学习！

一扇神奇的"门"

深圳高级中学（集团）　林合燕

【教育背景】

叶圣陶先生曾说过："教育就是培养习惯。"良好的习惯让人终身受益。对于低年级的小学生来说，习惯的培养至关重要。

对于刚入学的小学一年级学生而言，书写不仅是学习过程中一项重要的内容和任务，而且对于他们的性格、能力、修养有着至关重要的作用。郭沫若先生说过："培养中小学生写好字，不一定要人人都成为书法家，总要把字写得合乎规格，比较端正、干净，容易认。这样养成习惯有好处，能够使人细心，容易集中意志，善于体贴人。草草了事、粗枝大叶、独行专断，是容易误事的。"所以，书写习惯要从小抓起，借助班级文化建设使学生在潜移默化中受到熏陶与感染，激励学生不断进取，使他们主动、健康地成长。

【事例重现】

我们班有个"小马哥"，他每天顶着一头蓬松的卷发，带着惺忪的双眼，拖着略显沉重的步子来上学，脸上经常挂着两条"鼻涕虫"，口齿含糊不清，声音细得像蚊子。因为不会收纳，他的桌子抽屉一塌糊涂。他经常屁股底下垫着高高的一摞书，鹤立鸡群地坐在教室里学习。

"小马哥"是个左撇子，书写非常吃力，汉字写得歪歪扭扭、大小不均，本子上经常有用手蹭出来的一小片又一小片黑乎乎的印迹。他经常因为不能按时完成课堂作业或测验而当堂哭鼻子，压根没有一个东北男子汉的阳刚与朝气。

"小马哥"家里每天"烽火"未断。他的爸爸是这么描述的："我每天抱着妹妹躲在卧室里，听隔壁书房，妈妈河东狮吼，儿子号啕大哭。"

跟家长交流后发现，"小马哥"是由外婆带大的。外婆生怕孩子吃苦，恨不得替孩子包揽所有的事情，对力所能及的家务活，"小马哥"从来没有机会做。难怪已经上了小学的"小马哥"，鼻涕不会擤，书本不会收拾……字如其人，每每看到"小马哥"脏兮兮的卷面时，我眼前就会出现他"小邋遢"的画面。

在和"小马哥"拉手、掰手腕等简单互动活动中，我发现他全身肌肉力量不足，所以在课堂上，他基本上是瘫坐在椅子上，或者趴卧在桌子上。另外，"小马哥"手部精细动作不够灵敏，再加上他只会用左手写汉字，所以他真的是书写困难户。

跟家长沟通后，我们决定先从孩子的生活方式进行改变：首先，告别小"宅男"身份，让家长带孩子多参与户外运动；其次，让"小马哥"在家收拾自己的书桌，整理自己的书包；最后，让"小马哥"做手指运动操，让其手指更灵巧有力。

慢慢地，"小马哥"的自理能力越来越好，教室里他的那一方"邋遢"小天地逐渐不见了。但对于书写汉字，他依然提不起兴致。潦草的卷面、蜗牛般的书写速度，还有因为不能按时完成作业哭鼻子的事情时不时上演。

为了激发孩子们写好汉字的兴趣，有一天，我临时决定在班级的前门开辟一个小小书法家专栏，把书写工整的孩子的照片粘贴在教室门上。孩子们只要途经教室，都能看到每一个小小书法家的照片。没想到，这一扇门后来成为孩子们课间围观的最热门地方。上榜的孩子特别自豪，未上榜的孩子除了羡慕，还在默默努力。

有一天，"小马哥"的妈妈又崩溃的跑来找我，原来近期他为了作业能拿A+，每次写作业都是一遍遍地擦掉重写，再擦掉再重写，直到满意为止。原本书写速度就慢，现在更甚。别人十五分钟写完的作业，他总要花一两个小时才能完成。有时候困得都要睡着了，他还不肯放弃。"小马哥"突如其来的追求"完美"，让妈妈崩溃，劝他也不听，他每天睡得很晚，白天没精打采。

妈妈的一番"哭诉"让我想起来近期"小马哥"的作业确实进步不少。一个想法从我脑海飘忽而过："难道'小马哥'想当小小书法家？不可能吧，他向来无欲无求的啊！"我赶紧找到"小马哥"一问，他那小眼睛突然一亮，腼腆地点点头。我喜出望外，鼓励他，希望他能继续坚持，肯定能破茧成蝶。

打那以后，我总会在表扬学生作业的时候，特别表扬与鼓励"小马哥"。因为我知道，对于"小马哥"来说，把字写得工整端正，需要比别人付出更多的时间与精力。对于如同一张白纸的孩子来说，只要能够唤醒他心中的追求，哪怕有一丝丝机会，我都会抓着不放。

一个月的时间，"小马哥"凭借自己的努力，赢得了全班同学的推选，当选为"小小书法家"。当"小马哥"把自己的照片挂到门上时，那一脸灿烂的笑容，我至今难忘……

【教育效果】

从那以后，"小马哥"的汉字书写特别工整，虽然书写速度还有待提高，但是，他在学习上有了更多的自信，在和同学的交往中也变得更主动了，逐渐成为一名阳光男孩。

【总结反思】

"环境造就人"，我没有想到，这一扇"门"居然这么神奇。班级是学生在校生活的主要场所，班级文化中一个榜样、一句激励、一份荣耀，都能激发学生内心深处的进取之心。如果没有这扇"门"，存在书写困难的"小马哥"也许就会随着年级的升高、书写要求的急剧提高，可能会越来越抗拒或回避学习，不能完成课堂作业或测验，不能按时交作业，撒谎或找借口逃避写作业，甚至可能会变得焦虑、抑郁等。

感谢这扇神奇的"门"。小小的班级文化布置蕴藏着无穷的教育力量。

用爱照亮孩子的心灵

深圳高级中学（集团）　赵文艳

【教育背景】

二孩政策的开放，很多家庭都开始有了第二个孩子。老二的出生，难免会分走父母的部分注意力。这个时候，如果父母引导不当，老大就会因为感受不到父母的重视而出现情绪问题，如通过胡闹吸引父母的关注，不但不能得到关注，反而会招来父母更多的训斥。这种压抑的情绪如果长时间得不到释放，孩子甚至会出现心理问题。

【事例重现】

悦悦是一个很优秀的孩子，虽然话不多，但是很温暖。上个学期她和我也特别亲近，每天下课总会抱着我的手臂，撒娇着让我留在教室后面和她一起上课。有时候会悄悄在背后抱我，还会给我写很暖心的纸条，我每次疲惫的时候，看到这些贴心的话语，就会充满动力。

但是这个学期开学初，悦悦的表情非常凝重，眉头紧锁，双唇紧闭，从来没有见过她笑。脸上有着不属于她这个年纪的忧郁。开学已经一个星期了，孩子从来没有找过我，没有主动和我说过一句话，甚至课堂上特意点她起来回答问题并大力表扬她的时候，她都是一脸茫然的样子。这孩子，反差太大了。

课间我把她拉到角落，牵着她的小手，询问她是不是有什么不开心的事情。这个孩子很敏感，估计知道我想问什么，无论我怎么引导，她都说没有，其他的话也不愿意多说。但是她紧张的神情告诉我，她很不开心，她有难以释怀的烦恼。

我很是心疼。

当天下班后，我联系了她妈妈，因为孩子的很多问题都可以从家庭方面找到原因。她妈妈一听到我问孩子最近情绪有没有什么问题，马上崩溃了，从电话里能够听到她的哽咽。在和妈妈的交谈中，我了解到，自从妹妹出生后，她的性情大变。经常因为小事就冲着父母歇斯底里地发火，父母被气得不行。她最常问的是：妈妈是爱自己多点还是妹妹多一点。每次妈妈要是没有说爱自己多一点，她就生气地把自己关起来。因此，她和爸爸、妈妈的关系非常紧张，爸爸、妈妈都很无奈，妈妈甚至觉得自己没用，怎么连自己的孩子都没有办法教育好。

我给了她妈妈一些建议，是李玫瑾教授的经验分享：首先，在言语上，要表现出对老大更多的关爱。因为孩子就是怕有了妹妹之后，父母不再喜欢她、关注她。其次，偶尔给孩子制造小惊喜，满足孩子一些小小心愿。最后，每次要生气的时候，先深呼吸，心平气和地和孩子沟通，这时候才是最有效的沟通。

【教育效果】

在学校，我也更多地关注到悦悦，装作不经意地夸夸她的发卡好可爱，问问她在看什么书。课间，我会特意走到她身边，摸摸她的头，握握她的手。第一天、第二天，孩子像受惊的小鸟，迅速避开，不愿意和我对视。第三天，孩子的身体已经没有那么抗拒了。就这样又过了一周，那天是周三，孩子在中午走进教室的时候，犹豫了一下，最后轻声地说："老师，下午好！"那一刻，我真的很想冲过去抱抱她。这是她打开心扉的第一步，我的付出终于有了回报。在接下来的日子里，她慢慢主动和我交流了。有一次，由于没有带笔盒来学校，她来找我说明情况，这是这个学期以来，她和我说话最多的一次了。虽然孩子还是没有恢复往日的笑容，但是我相信，在爱的感化下总有一束光可以照亮她心里那个黑暗的角落。

悦悦的妈妈也按照我的建议，给她更多的关爱和陪伴。从她妈妈的朋友圈上，我看到了母女之间的小幸福，还收到了她妈妈的感谢，悦悦在家的情绪也慢慢有所缓和。

【总结反思】

当孩子出现反常行为时，一定是她遇到了不能解决的问题。对于一个七八岁的孩子，我们不能苛求他们懂得太多的道理。要允许孩子有情绪，如果只是一味地说教，孩子反而会更加抵触。只要让孩子感受到你爱她、关注她、理解她，她的心自然就会向你打开。

作为教师，我们除了有敏锐的观察力之外，还要学会俯下身子，倾听孩子的心声，及时和家长沟通，家校合力，这样才能更好地帮助孩子成长。最重要的是，我们要让自己成为一束光，去照亮孩子心灵某个阴暗的角落。

用不长的一年时间做一件终生难忘的事

深圳高级中学（集团） 周 彤

回忆起第一次站上讲台，还是五年前的初秋。

"到西部去，到基层去，到祖国最需要的地方去。"伴随着时代的强音，积极响应祖国的号召，2015年8月，我怀着满腔的热血，毫不犹豫地加入了"西部计划"志愿者的行列，成为第十七届研究生支教团的一名成员，来到陕西省山阳县从事支教工作。

这次经历是我从学生成长为一名教师这个过程中必不可少的阶段。本以为支教的学校办公条件会很艰苦，我做好了吃苦的准备，决心不管遇到多大困难，都要坚持下来。到了山阳中学后，我看到了新建成的教学楼、宽敞明亮的教室，以及每个班级配备的教学一体机，但我并没有感到轻松，学校提供了如此优越的工作环境，加之山阳中学是所省级重点高中，我心里的压力更大了，担心不能胜任这份工作。

记得刚到山阳中学的半个月，压力和对新环境的不适应让我觉得很迷茫，教学工作的开展也是毫无条理。还好那些日子里有同事对我无微不至的关心、队友们的相互鼓励、科组内老师无私传授的宝贵经验等，这些都让我感受到了来自山阳的善意，于是便很快融入并且喜欢上了这个像家一样的新环境。我当时的工作是政教处干事，并兼任一个高一班物理教学工作，这两份日常工作内容不同的事务对于我来说都是挑战。

在学生时代，我没有做过任何有关学生管理的工作，也从未组织过学生活动，然而政教处的工作都与这些有关，想要做好这份工作，我必须多看、多听、多记、多学。在政教处各位同事的帮助和自己的努力下，我逐渐了解了政教处的工作内容，也明白了一个学校除了要搞好教学外，还要管理好学生的生活，教育好学生的思想，因此，政教处的工作必不可少。看似是小事一桩的工作，做起来却有很多细枝末节需要注意，所以说事无大小，每件事都值得被认真地对待。

初为人师，我在教学工作中也遇到了不少困难，于是我向周围的教师请教如何教好这些学生。平时，我切实做到关心尊重每一名学生，力求成为学生的良师益友。在物理教学中，我做到了每节课前先听课再讲课，不断刻苦钻研，认真备课，向老教师学习教学经验，并且在主动与其他科任教师沟通、交流、传播新的教育教学理念的同时听取他们对教育教学的建议，虚心向他们学习。另外，我也比较注重培养学生良好的学习习惯，要求每名学生都准备错题本并定期检查，教会学生在复习时建立树状知识体系的学习方法。

一年的支教工作太短暂，这期间虽忙碌但也充实。重温自己的支教生活，我收获了184份难以割舍的师生情、一所学校的同事情、与其他志愿者间深深的友情以及一生中最难忘、最有意义的一段时光。它让我懂得了教师的辛苦以及学习机会的来之不易，最重要的是让我认识到了终身学习的重要性。支教结束后返回大学校园继续读研时，我做到了制订切实可行的学习计划，及时掌握新知识，坚持学以致用，切实做到多看、多听、多写、多想。成为一名教师是我无悔的选择，支教生活所焕发的光芒将照亮我今后的人生道路。

与青春期和解

深圳高级中学（集团）　黄泽芳

【教育背景】

对于大多数家庭来说，孩子青春期特征明显爆发的阶段，其父母正好处在中年时期，这个时候还有很大一部分家长本身要应对与处理自身的中年危机。青春期的焦虑、躁动碰上中年期的迷茫、迟滞，使得孩子与家长之间的沟通很难顺畅进行，有些家庭甚至出现不沟通、亲子关系极其紧张的情况。双向的问题碰撞到一起，使得原本不简单的问题更加难解。

很多家长错误地认为青春期从初中阶段才开始，因而会出现"我的孩子上了初中就突然变了样""现在孩子大了有自己的想法了""他（她）小时候很听话的"这样的困惑或抱怨，这个时候，有些家长会选择"镇压"，利用威严强制孩子执行父母的"想法"；有些家长会选择"妥协"，对孩子一些无理的要求或行为无止境地让步；而有些家庭因苦于无计可施，家长、孩子默契地选择了逃避、无视青春期的这些"别扭"，矛盾一触即发。

我一直秉持这样一个观念：所有的问题都来源于有效沟通的缺失，能称为"问题"的都不是突然出现的。所以，在育人实践中，如果有家长求助，我并不急于马上去直面解决问题，更愿意弄清楚问题背后的根源。我坚信"解铃还须系铃人"，如果问题的根源在于家庭，家长绝不可能单纯地指望教师能够一手解决，还给他们一个"完美小孩"。教师真正能做到的是进行情绪疏导，帮助学生和家长重建沟通平台，厘清问题。问题的解决依赖于家长和学生之间的"沟通""理解"与"合作"。

【事例重现】

自2020年2月17日开始，深圳市中小学生开始线上学习。在网课进行到第三周的时候，我发现我们班上的小依同学开始出现了迟到缺勤、作业未交的情况。鉴于该学生平时表现得非常乖巧，在学习方面几乎不用教师和家长操心，所以我想可能有特殊情况，遂与家长沟通。

经了解，因为临近开学孩子作业还未完成，家长焦虑之下打骂了孩子，孩子从此就把自己锁在房内，晚上熬夜玩手机，白天上课睡觉，也不和家人一起吃饭，一天叫一次外卖。这种与家长不沟通、作息紊乱、非正常的状态已经持续一个月左右的时间了，但是小依同学在教师和同学面前还是努力保持正常的样子。我试探性地问她为什么今天上课迟到了，她会解释说因为网络卡顿进去慢了，在这之后作业在平台上迟交了也会私发给我。这一切看起来好像挺正常的，但是孩子妈妈两三天就会拍一些她房间乱糟糟的图片给我，反馈类似情况："老师，孩子昨晚又是一夜没睡""她今天一天没吃东西""上课挂了课在那里睡大觉""我的微信也被拉黑了，只通过支付宝聊天和他爸爸要钱叫外卖"，等等。

因此，我开始了和小依同学长达2个多月的线上沟通，通过打电话、微信聊天实时跟进她的情况。在沟通的过程中，我了解到一些家长没有谈及的信息。小学时小依是一个成绩挺不错的孩子，但是上了初中之后她倍感压力，而父母和她的交流就只停留在成绩层面，这让她感觉到被否定了，加上妈妈生气之下说"不要她这个女儿"，患有忧郁症的爸爸情急之下还动手打了她，自己的爱好又得不到父母的认可，所以她感觉被抛弃了，采取了这种"罢工式"的对抗。其实这是一场面对家长的"青春期革命"，孩子开始像个大人一样思考，她的自我价值得不到体现，所求又不可得，所以想通过这种方式改变父母，以达成她自己的心愿。其实成人都知道，孩子所提的要求有时候确实无理，但是家长很容易出现当即反对、粗暴式拒绝。要知道，拒绝无理要求是最重要的目的，而不是手段，有时候温柔地坚持原则效果可能更好。所以我给小依父母提出的建议是：一要让孩子感受到他们对她的关心，但是对于她提出的一些不合理的做法要温柔地坚持原则。比如，不去餐桌吃饭而自己叫外卖，应该表明立场，尽管爸妈要上班，还是会做好饭，家里有饭吃的时候就不允许叫外卖，等等。二要花更多的时间与孩子进行沟通，了解孩子的想法。三是委托心理老师对家长的教育方法提供专业指导。

期间，我在班会课上让学生分享在网课期间是否和父母起冲突以及如何面对与家长的矛盾或不同意见，学生畅所欲言，小依同学在班会课后写的总结反思中也提道：原来大家都和我一样，也和家人闹矛盾，可能下次可以试试转移注意力……我也单独和她转达了父母对她的关心，引导她站在父母的角度思考问题。

【教育效果】

令人高兴的是，网课结束，线下教学正常进行，小依同学也回归课堂，没有迟到早退，我在巡堂过程中发现她也认真听讲做笔记。小依妈妈很兴奋地告诉我，孩子现在愿意和爸妈说话，也回到饭桌上吃饭了。虽然小依短期内成绩还是落后的状态，但是一切朝正常的方向进行，这是值得高兴的。当然，我也嘱咐小依的父母，因为孩子网课期间落下了一些课程，所以学业较大压力期间还是需要父母关注与陪伴的。

【总结反思】

青春期不是一种病，也没有专门的药能治好。孩子在青春期表现出来的叛逆表面是在和外界对抗，其实他们自己也在纠结。我们要用足够的爱与耐心陪伴他们度过，帮助他们与青春期和解。

与学生一起幸福成长

——班主任工作随笔

深圳市高级中学（集团）　祁　菲

　　对于班主任这项工作，每位教师在不同时期，都会有不同的定义和感悟，也总会有最适合自身的工作方法。我在担任九年的班主任工作中也有一些感悟和收获。

　　班级管理、班级各项制度的制定和完善以及班级各种工作的开展绝对不是班主任一个人的事，也不应由班主任一个人说了算。一个人可以走得很快，但是一群人可以走得很远。

一、构建科任全员育人体系

　　中国共产党十九届中央委员会第五次全体会议审议通过的《中共中央关于制定国民经济和社会发展第十四个五年规划和二〇三五年远景目标的建议》明确提出，"健全学校家庭社会协同高人机制"。

1.统一思想认识，制定班级管理理念

　　班级管理不是班主任一个人的事情，课程本身就是育人的重要载体，新时期班级德育工作，应该以班主任为主导，邀请全体科任教师参与指导并提出意见和建议，共同协商制定班级管理的理念、目标和措施。班主任在平时的班会、队会活动中应该提升科任教师在学生心目中的地位，切实形成班级管理统一战线。

2. 实时沟通、紧密联系

班主任及时有效地与科任教师联络感情、互通有无，是掌握班级动态，也是加深科任教师与班级学生之间相互了解的良好途径。班主任在班级管理中属于主导地位，应该对班级长期发展和动态发展负有主要责任。班主任应当经常与科任教师沟通学生遵章守纪、行为习惯、学习情况、思想品德等方面的近况，就学生的问题与科任教师达成统一的教育目标、采用相辅相成的教育手段，发挥集体的力量，以取得学生思想教育工作的最优成果。另外，班主任还应及时听取科任教师对学生教育、班级管理方面的意见和建议，及时改进教育方法。

3. 密切配合开展班级活动

班主任联合科任教师开展班级教育活动，有利于班级凝聚力的培养，有利于师生关系向着更加和谐、融洽的方向发展，如在诗词朗诵、英语话剧表演、科技发明小制作、智慧交往系列班会等活动中邀请科任教师，积极配合科任教师，形成全员育人、课程育人的良好局面。

二、正能量家委团队建设

学生的成长离不开教师的循循善诱，更离不开家长的"保驾护航"。建设一支正能量的家委团队显得尤为重要。

1. 组建班级家委会的目的

家委会的工作重要且琐碎，但我认为家委会最重要的职能并不是帮教师"打杂"和做"搬运工"，而是占领和主导整个班级家委团队的"思想高地"，制止部分家长不恰当的言行，尤其是会影响教师工作积极性、伤害学生学习主动性的舆论，要弘扬正能量，营造正面、积极向上的家委团队氛围，支持学校和教师的教育教学工作，给学生营造一个最优的学习环境，给教师营造一个最优的教育环境。

2. 家委团队组建方式与分工

家委会一定要以家长为主体，任何活动不可流于形式，要充分尊重家委会在各项活动中的自主性与独立性，调动家长在家委会工作中的积极性。

家委会成员可以实行聘任制，采用发送倡议书、家长自荐的方式，阐明家委会的重要作用，赢得家长的理解和信任，并且选出一批真正能够贯彻学校德育方针、为了班上每一个学生、热心班级事务且有较先进的教育理念、时间较为充裕的家长。家委会一般应包括家委主任、会计、出纳、宣传委员、生活委员等岗位，定职定责，并且由家委主任组织，班主任参与，定期召开家委会会议，制订工作计划，进行工作小结，协助班主任处理班级活动等事务。

三、自主管理班委团队建设

俗话说"火车跑得快，全靠车头带"，班委团队是实现学生自我教育的重要途径，班委团队的建设直接影响到一个班级班风、学风的形成。一支优良的班干部队伍对整个班级发展起到的作用至关重大。

1. 班干部队伍选拔

在新班级形成初期，班主任可以采用问卷调查、家访等形式了解学生过往学习经历、班干部工作经历，初步筛选形成临时班委。等班集体基本成形后，必须对班委坚持民主选举，不搞老师任命，不搞班干部终身制，做到一年一选举，并适时进行微调整；保证班干部有良好的群众基础和威信；鼓励每个学生都参与班委选举，锻炼班委团队的管理能力。

2. 班级目标规划

在班级规划中，班主任本着目标分级、学生主导、师生协商的原则，可以根据班集体学生实际情况，以终极目标为指导，与班委协商，为班级规划远、中、短期目标。例如，初一阶段，着重培养学生良好行为习惯；初二阶段，锻炼学生智慧交往、悦纳自我；初三阶段，看重引导学生进行学习生涯规划。

3. 班级事务处理

在处理班级事务时，班主任坚持班委主导、学生落实、及时评价的原则，如成立"立人议事厅"，定期召开"立人民主生活会"，坚持每日一小结，每周一总结，凝聚全体学生的智慧，把集体规范内化为学生个人行为和认知的准则，让自己的行为和处事态度也成为集体规范的一个有机组成部分。

4. 班级活动组织

在班级活动组织中，我尝试鼓励创意、搭建平台、自主推进的模式，获得了较好的效果。我鼓励学生提出创意，联合家委、班委和科任教师为学生搭建平台，如在暑假开展24小时职业体验活动，进而指导学生进行职业生涯规划初探；在落实深圳出台的垃圾分类中，学生提出好方法、好建议，我们共同成立课题小组，研究如何在学校落实垃圾分类。

班主任工作需要用信任树立学生自尊，用欣赏树立学生自信。班主任对学生的影响是方方面面、无处不在的。追求走进学生内心、关注青少年成长应当成为每个班主任工作的终极目标。在未来的工作中，我要不断完善自我、提升自我，与学生一起成长，做幸福的班主任！

遇见你，好幸运

深圳高级中学（集团）　彭超艺

"彭老师，今年中考童心以420的分数考进了自己梦想的高中，谢谢您！"

2019年中考放榜的当天，我收到了一条充满幸福愉悦的短信，信的那端是童心的妈妈。

童心是我2016年担任班主任时，初一（6）班的一名小女生。

时隔四年，我依旧能清晰地回忆起初见她时的样子。开学首日，童心是第一个到达班级报名的孩子。初次见面，给我留下印象最深的就是她清澈而明亮的双眸。

一、我是童心

"老师好，我是初一（6）班的新同学，请问您是初一（6）班的班主任吗？"

站在面前的这名女生，声音甜美又略带着几分羞涩，简短几句话，她却好似已经鼓足了十二分的勇气。我向她微笑，点头示意，并告诉她可以随意找座位坐。

在随后班级的第一次"见面会"上，同学们在热身活动后，叽叽喳喳地分享自己的小学生活以及对初中生活的憧憬。而她，一直安安静静地、端正笔直地坐着倾听。

中学时期的女生往往不似男生般活泼欢悦，大多是乖巧懂事又心思细腻。所以开学的前两周，我和童心在每一次的见面与交流之中，大多都是通过一个微笑或几个眼神而心领神会。

二、小书法家

开学第三周，学校组织板报评选，班级需要召集几名学生参与班级的板报设计，这次，平日里文静的童心在座位上缓缓地举起了她的小手。通过课后交流，我得知童心在小学的时候书法作品就已经获过全国大小奖项并出版了书法作品集。

"好巧，老师也习过书法，但你可比我厉害多了，以后有机会把你的作品集带来学校给我看看吧。"

就这样，我和这名慢热的小女孩渐渐熟络起来。

三、我怕跑步

童心和大部分女孩一样，喜欢安静，害怕嘈杂，感性、文艺，是体育界的"学渣"。

起初，童心找我请假不上体育课的时候，我更多的是担心她的身体问题，怕从小体质偏弱的她不能够负荷高强度的训练。直到后来，和童心妈妈沟通后，才发现让她感到恐惧的更多的是心理上的那个"大魔头"。体育课上的800米训练于她而言，比解100道复杂的数学题还要难。

"童心，老师在初中的时候也害怕长跑。但是，经过努力，老师闯过去了。不仅如此，我还闯过好多比这更可怕的'关卡'呢……"

后来我和童心有过好几次交谈，在朋友的身份下，在平等的对话中，我慢慢找到了令她害怕的原因。渐渐的，她也越来越信任我，愿意向我倾诉、表达。到后来，她很少再来找我"请假"了。

四、我要为你拿一次奖

初一下学期，学校评选"最受学生喜爱的班主任"，各班需推选一名同学作为代表为自己的班主任"代言"。我找到童心，她很快答应，并告诉我说"Bonnie，我一定会好好准备的，我要为你拿一次奖。"

后来，我在台下，看到的是一个自信温婉的女孩。她落落大方地站在台上，播放着她不知花了多少时间，修改过多少次的课件，满心欢喜地向全校学生介绍着她的"大姐姐"。

再后来，她真的亲手将这份荣誉送到了我的手中。

很久以后的一次碰面，她才开口问我："Bonnie，当时其他班级都是派班长出征，你为什么会选择我呢？"

可是时间已经给了我们最好的答案，不是吗？

五、重逢

后来因为工作原因，很遗憾没能带着初一（6）班走完弥足珍贵的初中三年，但我曾无数次回到那个熟悉的场景，那间宽敞明亮的教室，脑海中无数次飘闪过一帧帧和孩子们相遇、相处的片段。

再后来，回忆起那些重逢，你说："带着刚从小卖部买的零食就匆匆忙忙下楼等待，却又怕她又看见我吃货的样子，又赶快丢掉，直到那熟悉的身影又出现在了视线中，就像久违的阳光重新不遗余力地洒进了心里。"

你还说："跟着大家到校门口迎接你，梳了好几次头发，害怕你隔那么久见到的是我最零乱的一面，见到你的那刻，我的眼泪已经涌到了眼眶边，却被我硬生生地咽了回去。我不能让你看到我哭，你好不容易回来一次，我要笑。"

你告诉我说："抱住你的那一刻，真的好开心，所有的疲惫与委屈好像都不复存在了。"

我也想说："遇见你，好幸运。"

这节课，只为你

深圳高级中学（集团）　李　璇

教小学的第一年，我接手了四年级一个班级的数学教学及班主任工作，真的很为这些孩子们感觉自豪，和他们在一起，让我像个孩子一样再次成长。

这周五发生了一件让我震撼的事。上午的数学课，我给大家扩展了三角形内角和外角的关系。我在黑板上写写画画之后，等待着学生举一反三得出图中几个角之间的关系。

很多学生举手了，但这时我观察到小乔（化名）同学没有看我，也没在思考，而是在玩着自己手中的东西。小乔是个有些特殊的孩子，我早就听闻他以前的老师说过，他从一年级到三年级的数学成绩都只有个位数，上学期也如此。我虽有关注到这个情况，但是真不知道该如何帮助他，我尝试过单独给他讲题，可是他只懂点头，其实完全没消化，作业也都是家长代劳，但我默默地告诉自己，不能放弃他，教育不就是让所有的孩子都有所发展吗？

此刻，我点了他的名字，他很惊讶地看着我，似乎以前没有老师在数学课上点过他，他也习惯了被老师忽略吧。我说："小乔同学，请起立。"我重复了一遍我刚才问的题目，他依然很木讷地看着我，眼神是无辜的，我却出口"伤"他了，我说："你得思考，一个学生已经习惯不思考的话，大脑是会生锈的！"他默默低下了头，我接着说："不过没关系，现在开始思考，大脑就会越转越快！"我看到他眼里闪过了一丝光，是不是从没有人给过他希望呢。

我在黑板上耐心地对着他把我作为例题的锐角三角形角的关系再讲了一遍，然后指着钝角三角形把我的问题重复了一遍，他依然没有开口，我望着他等了30秒，全班都安静了，我相信这道题全班除了他应该都会，可是这时候没有一个人说话，没有一个人打破这种安静。

我眼神直勾勾地看着他，我不知道当时他心里是恐惧还是无助，只知道我不能让他坐下，不然就功亏一篑了，我把问题变得更简单了，我问他："你知道三角形的内角和是多少度吗？"他依然呆立。我又指着例题说："你看这个锐角三角形，刚才同学们说了∠1+∠2+∠3=180度，说明这三个内角的和是180度，那这个钝角三角形的内角和应该也是多少度呢？"他很不肯定地说："180度。"

我露出了灿烂的笑脸，但我并没有说"把掌声送给他"，但是全班学生自发地响起了掌声。就是这么简单到不能再简单的一个小问题，被我引导得脱口可得，可是他答出来的，或许在大人的眼里这是多么微不足道的一个回答，或许有的学生还会在心里嘲笑和鄙视这个孩子，可是在我的班上，我看到了孩子们真诚的鼓励，那些掌声让我震惊！让我从心底感受到了大家的友善和班级的凝聚力！

我却故作淡定地继续问："那你能用等式表示出刚才你所说的'这个钝角三角形的内角和也是180度'吗？"他想了一会说"567"，很明显，这样的表达不规范，但我说："很好，你找到了这三个角，但是怎么用等式表示呢？"同时我的手指着黑板上写着的"∠1+∠2+∠3=180度"，说："像这样。"他声音很小地说："5+6+7=180度。"我把他说的写在了黑板上，这时候全班学生几乎都跃跃欲试了，都发现了问题，我却执意要让他来回答。我又开始引导，手指着"∠1+∠2+∠3=180度"说："你看，我们图中的1，2，3是表示角，那在写等式的时候应该写上角的符号'∠'，那你能发现你说的这个式子有什么不对吗？"

全班学生都要憋坏了，我把手指放在嘴巴上示意大家安静，要小乔同学回答。他涨红了脸，终于答出了"∠5+∠6+∠7=180度"，这时候全班学生再一次发出了雷鸣般的掌声。我再一次震撼了，我这一次依然没有说"把掌声送给他"，我知道这样的掌声是自发的，孩子们是真心地鼓励和赞赏，我从内心欣赏孩子们！

我让小乔同学坐下，对着全班学生说："你们看，曾经不精彩也没关系，只要你肯努力，一样会成功，而且成功不仅离不开自己的努力，更离不开同伴的鼓励！"我想这节课对小乔同学来说一定是深刻的，对其他学生来说，他们也知道了鼓励带给别人的力量，这节课是大家最投入的一节，我相信三角形的内角和外角的关系他们也会记得很深的。

这节课虽然花了很多的时间在引导小乔同学，准备的练习也没有讲完，但我想这节课我成功了，那个孩子可能并不会因为这节课在学习上有什么太大的改善，但我相信，他感受到了友善，增长了自信。我更加感恩于班上的其他学生，是他们的善良与真诚让我们班充满爱，充满理解，充满阳光！

我一直觉得教师是个神圣的职业，或许不经意的一句话就能改变一个孩子的一生。每一个孩子都只有一个童年，都值得好好爱护。孩子们信任我，我更要努力做一名公允待人、值得信任的教师。

见微知著

——教学中的几件小事

深圳高级中学（集团）　周敏志

　　韩愈在《师说》中说道："师者，所以传道授业解惑也。"这也是一名人民教师终生追求的教育目标，需要不断去实践。不知不觉间，我从教已经三个春秋。三年来，我虽未担任班主任工作，也不是教学经验丰富的教育者，但在陪伴学生成长的过程中，却发现了感人的一幕幕。

　　2017年是我工作的第一年，跨年级教学给了我很大的挑战，我决心努力做好，坚持教与学并行。历史学科作为一门需要记忆的科目，对部分记忆力较差的学生来说是一个挑战。有的学生积极主动性较差，不愿意去记忆，对于这类学生，必须做到"重点抓、勤督促"，于是我加大了监督背诵的力度，同时增加了不定期突击提问的频率。在经常被我监督背诵的几名学生当中，小谢同学是最具代表性的。小谢不仅聪明，而且思维非常活跃，好好努力是可以取得优异成绩的。于是，我加大了对他检查背诵的力度，那之后发生的一件事对我优化教学方式、提高教学水平有很大的启示作用。最初，小谢对于我经常监督他背诵历史知识点是非常反感的，他表示不喜欢历史这类需要"死记硬背"的学科。有一次，期中考试前，我站在班级门口等待机会，将他和另一个重点监督对象曹同学"堵"在了班级里。两个人看到我，满脸写着不情愿却又无可奈何，这种很"尴尬"的表情印在我的眼帘，我顿时发现，不能再继续采取这种硬性考查方式了，一旦他们对历史学科失去了兴趣，日后学习更是难上加难。于是我马上改变教学思路，转移了话锋，教他们两个人答题的技巧与方法，包括如何又快又准地找到题干中关键字词等。慢慢地，他们两人的脸色从不情愿转到了认真听讲和思考。

通过这件事，我有了很深的感悟，我从来没想过，就这样不经意间的一件小事却给小谢带来了很大的改变。他向我表示，他想担任历史科代表，询问我是否同意。我喜出望外，看着他稚嫩的面庞、认真的样子，我欣然答应了他的请求，于是我多了一名小助手。之后，他经常出入我的办公室，帮助我布置作业，收发试卷，并且每个月都会附上一页笔记，针对这个月的历史课堂对自己和同学们的表现进行总结，也针对学科教学内容方法提出意见，妥妥地成了一名优秀的"小老师"。每次看到他的笔记，我都喜出望外，一遍遍认真地阅读和思考。我与学生交流，抓住学生的特点，拉近了与学生的距离，同时，改进教学方法与思路，不断寻找学生容易接受的方式讲授，并且做到因材施教、因人而异，真正体会到了教学相长的真谛。

新学年，新的故事又开始了。已经上任一年的科代表小徐，工作认真负责，堪称我的"得力干将"，他曾自封"第一助理""第一红人"。历史各项任务完成得既好又快，清楚明了的记录信息，无形中缩短了我的批改时间。小徐是一个自信满满的初中生，自认为历史成绩也是一流的，有段时间却放松自己的学习，在背诵上偷懒、掉以轻心。因此在下一阶段的期中考试中，他的成绩明显地下滑，印证了他学习的状态和不努力的结果。在接下来的几节课上，我发现小徐同学沉默了，课堂上很少积极主动地回答问题，经常是低头不语，记录着笔记。我没有第一时间当面询问，是想留给他一定的时间自我反思，进行查漏补缺。一周过后，我写了一段鼓励话语的便利贴，并附上一点糖果，一边安慰一边鼓励他。他正是青春期的孩子，得到教师的鼓励和肯定是非常重要的。若能让他能够在学科中重拾信心和兴趣，这是最好的。果不其然，效果很明显，他很快恢复了往日的生机，并且更加努力。多一点真挚、多一点温暖，多一点感知，我相信会更好。不久后，我读到了小徐关于历史学习和科代表职责的一篇文章，虽没有华丽的词语，却句句质朴和真实，让我深深感动，如此有心的学生，相信未来的他将会更好。

在教学过程中，我和学生共同成长与收获。当然，其中我也有许多挫败的教学经历，但是这些遗憾，正是提高教学成效和个人综合素质的宝贵经验。

至今成谜的那个他

深圳高级中学（集团）　李　璇

在学校上班的时间总是过得飞快，虽然繁忙，但学生带给我的感动却令我如沐春风！

周三下午的午练时间，有个女生跑到讲台上告诉我，她放在书包里的100元钱丢了。我当时听到这句话脑袋有点懵，因为班级里丢钱的事真的不好调查，都是孩子，不能冤枉任何一颗脆弱的心。但是我立即清醒了，觉得自己不能乱，不然同学们都得乱。我淡定地跟着那个女生走到她书包面前看了下她放钱的口袋。然后让她等等，我先在班上问问，接着走回讲台。从那个女生的座位到讲台的短短几步路对我来说太漫长了，我脑袋里一直在回想我以前看到的关于班主任管理艺术的杂志或是别的教育案例里的班级小故事，这毕竟是我第一次当小学的班主任，学生心里在想什么，他们能接受怎样的话语，我都不是很确定，于是努力回想别的班主任是如何处理这样棘手的事的。

我站在讲台上故作淡定地看着下面每一个学生，一一扫过他们的身影，他们都在专注地练着字，都是那么可爱，每一个都是我生命里那么重要的人。终于午练结束的铃声响了，我让大家停下笔坐好听我说，这时全班学生都齐刷刷地看向我，我说："班上小瑜（化名）同学放在书包里的100元不见了。"我故意停顿了一下，班上有些许骚动，我继续说："换位思考一下，如果是你丢了那么多钱，肯定很着急。我不想知道是谁拿的，我相信我们班的学生都是善良温暖的，如果是哪位同学因为好奇拿了别人的东西忘了归还，我希望你能在没有人的时候将钱放在我的办公桌上的台历下压好，那这就是一件因为好奇犯的小错，就是一件小事，钱找回来了也就不再追究了；如果是因为好奇拿了别人的东西不想归还了，那就是偷盗事件了，要调用监控录像还得通过公安局的审批，那到时候事情就大了。话就说这么多，大家课间休息一下。"

我平静地走回办公室，我想现在班上肯定有一个孩子内心是痛苦的吧，他在彷徨，内心的正义小人和邪恶小人正在斗争。刚才我的那番话或许给了他内心的邪恶小人一个改正的机会，我也不知道他是否会出现。

恰巧周三这天下了班有教师培训，我加班到很晚才离开，他没有出现，我有点小小的失落，但我想要面对自己的错误可能也不是一件容易的事情吧，或许我应该再等等。我收拾好办公桌离开了办公室。

周四一早我来到了办公室，我照惯例打开电脑，抽出键盘，一张卷着的一百元钞票出现在我的键盘上，我真的好惊讶！他来过了，他战胜了自己内心的邪恶小人，勇敢地把钱还回来了，而且他是个聪明的孩子，知道我上班第一件事是开电脑，他没有把钱压在我的台历下，而是放在了我的键盘上，这样确保能让我看到。我心里是激动的，也是感激他的，因为他的举动让我觉得我是被他信任的，更让我欣慰的是班上的孩子确实如我所知，是真的温暖善良！

早读一结束，我就跑到班上去狠狠地表扬了一顿。我说，今天老师特别开心，小瑜的钱找回来了，今天早上老师拉开键盘，就看到钱正放在我的键盘上。这时下面有同学好奇地问道："是谁？"我接着说："不知道是谁放的，但我很欣赏这名同学，因为他有勇气去弥补自己的过错，这是多么的难得！我相信以后我们班不会再有类似的事情发生了。"短短的几句话，我相信那个他一定也特别为自己骄傲，因为他做到了。

到现在几年过去了，我也不知道他是谁，我想我也不需要知道。那天我并没有去留意班上谁是早到学校的，因为我相信他们在我心里都是美好的，即使会有突然的不好想法，即使犯过错，那又怎样呢？迷路的孩子找回了正确的路，就是我心中的英雄！

　　我有时候会想，会不会多年以后这帮孩子的小学同学聚会邀请我参加，席间一个已中年的学生走到已年迈的我的身边，伏在我的耳边悄悄告诉我，他就是当年的那个他，然后相视一笑，这或许就是作为教师最幸福的时刻吧。

重视"第一次"

深圳高级中学（集团）　林来金

在学校领导的关心和带领下，新生班级初一（3）班的各项工作得以顺利开展，呈现良好的发展势头。以下就学生常规、学习、课外活动、生活等方面回顾，且行且总结，寄望快速适应初中生活并乐于学习的初一（3）班在各方面都大放异彩，取得更优异的成绩。

常规工作是班级工作的核心。初一开学狠抓常规，开好头，养成好习惯，通过大家共同修订班规、召开主题班会、静班教育等让学生养成良好的行为习惯，为营造良好的学习氛围打下基础，做到班内事事有人做，人人有事做，既把工作分配妥当，又突出每个学生在班级中不可取代的地位。

1. 军训——开好头

铁的纪律塑造铁打的班级，五天的军事训练提高了学生的身体素质，同时，大部分学生的吃苦意识、意志得到了良好增强，更增长了班级凝聚力，为之后学生的学习生活打好了基础。

2. 书香班级建设——我的班级我做主

本学期我班开展"营造书香班级，塑造书香少年"活动，继承原有的优良传统，每个小组负责教室一个主题板块，各个小组竞相比赛，百花齐放，集众人的力量。书香班级建设使学生进入教室就能够感受到浓浓的书香气息，自然就更爱读书了。尤其是多名学生都带着自己家中的图书、手工作品、字画作品等来点缀教室，其中廖同学更是为班级捐献了书柜。

3. 小组合作学习——走好路，迈开第一步

本学期开展的小组合作学习取得较好成效，有利于激发学生学习的积极性。本学期我们班共43人，在班委会的讨论下，根据每个学生的特点，我们对小组成员进行搭配，保证组间同质、组内异质。本学期我们初一（3）班每次考试优秀率、平均分均有所提高，期末考试更是直逼重点班。小组合作学习使学生学习动力十足，学习效果令人较为满意。

4. 体艺节——成果喜人

文化艺术节初演上，初一（3）班10名学生同台献唱《隐形的翅膀》，风范十足，受到台下观众的一致好评。在其他比赛中，手工制作、绘画同样奖项丰富，成果喜人。

5. 运动会——大放光彩

本次运动会，我班共有运动员20人（不包括接力赛运动员），裁判员2人，参加运动项目16项，运动员们全力拼搏，啦啦队队员更是卖力地呐喊，为运动健儿们助威。

6. 德育教育班会课——走好路，迈好第二步

德育和教学工作齐并进，其中培养学生正确的情感、态度和价值观是班级工作的一大关键点。00后学生群体思维各有特点，大多数喜欢标榜独特。班主任要根据学生的特点，设置适合学生发展的情感、态度和价值观引导方法。开学至今，我班专门组织了关于培养学生情感、态度和价值观的班会课，如"观看2013感动中国十大人物""那些年我们一起走过的路"等主题班会课；开展别开生面的家长会开放日活动，形成家校合力，共同关注、共育成长；对个别心理特殊的学生开展心理辅导；等等。

家校合力，共同关注学生成长！

这半年来以来，初一（3）班的学生在不断成长，他们懂得了换位思考，懂得了感恩，情感上的体贴常常让家长和教师感动不已。经过一个学期的努力，我们

取得的成果是显著的，今后我们一定会继续发扬优点，夯实基础，鼓足干劲，向新学期迈进！

当然，班级工作仍然存在许多不足，针对问题，我认为接下来应该加强以下管理：

首先，继续落实常规，把每项工作做得更细、效率更高，尤其是仪容仪表和静班方面，还要加大力度，落实、落实、再落实。

其次，继续加强学习指导。针对个别学生课堂注意力不集中，自习课未能做到百分百安静的情况，我今后要加强沟通，引导其专注学习。

最后，本班成绩喜忧参半，体现为后进生过多，成为班集体学习成绩前进的一大阻力，扶差工作任重道远。

爱如阳光，让你更灿烂

深圳高级中学（集团）　李韦霖

教育者的使命就是让孩子各方面和谐地发展。作为一名教师、一名班主任，我深知这句话的分量。培养各方面健全的孩子我们教育的最终目标，也是我们教育的希望。我也一直努力地朝着这个方向提升我工作的内涵。对于学生，我不是单纯地看重他们的学习成绩，而是更多地关注他们的心理、道德品质以及行为习惯方面的问题。

仍记得当年刚刚大学毕业的我，在一所中学任教。9月份开学，我就发现我所担任班主任的那个班级，有一名女生有别于其他学生。她留着男孩子式的短发，戴着眼镜，很像个假小子。但是，她不和其他同学讲话，也不和老师交流。看人的眼神也有点奇怪，似乎瞧不起别人。可是她又并不仅仅是我们所说的内向型的学生。因为一到班上要做什么事情，她就开始抱怨，还鼓动其他同学，把这种消极思想带给其他同学。在谈到班上做得好的方面的事或人时，她就会起哄、喝倒彩。最明显的是一次广播操比赛，我们班的其他学生在练习的时候都能尽力做好，可是她永远都懒懒散散，让她做好，她根本不听，还小声嘀咕无聊。她所有的表现，都让我觉得有必要找她聊一聊。但是，我没有想到我们之间的谈话最终会以失败告终。想让她说话，真的是一件很难的事情，我想让她回答我的问题那就更是难上加难了。她一直摇着头，不看我、不理我，甚至我想让她给我最简单的点头或摇头，都是奢望。最开始，我还能轻言细语地引导她："对于这个比赛，老师觉得你好像不太满意，那你有什么想法或者有什么好的建议，你都可以和老师说，老师很愿意听。"但是，无论我怎么说，她就是不搭理，还斜着眼瞟了我一眼。我又说了很多，但是她依然不说任何话，僵持了一段时间之后，我实在无法忍受了，提高嗓门大声喊道："你懂不懂基本的礼貌？别人和你说话，你起码也有个回应啊。"即便我如此生气，她依然不说话，也不反驳，只是一个劲地嘟嘴，给人的感觉就是：那又怎么样，我就不回答你，看你能拿我怎么样？而且整个人还在我面前晃来晃去，嘴巴气鼓鼓的。当时的我也年轻气盛，心里想着，要是我自己的孩子，肯定一巴掌拍上去了。因为在我看来，这个孩子，连最基本的礼貌都没有。但是作为教师，我知道我必须克制自己的情绪，所以，我深呼吸了几下后，提醒她说："好，既然你没有什么意见，那么，以后你必须认真做操。"她走回教室之后，挫败感极强的我一个人待在办公室，又想了很多很多。

这次的谈话之后，碰巧遇到心理老师找我要两个学生名单，说是有个针对不太懂得和人相处的学生的心理讲座。可以让学生去听。我想都没想，就把她的名字写上去了。正是这个名单，让我和她之间的"战争"更激烈了。当我利用班会课宣布这个名单后，她好像失控了一样，大叫："我不去，打死也不去！要去你自己去！"然后，我第一次看到她哭了。可是她似乎怕人看到，还仰着头，我看得出，她在试图忍住禁不住流下来的眼泪。全班学生因为她的吼声怔住了，鸦雀无声。我当时不知道她为什么有那么强烈的反应。因为在念名单之前，我已经把这个讲座形容得非常好，讲得很有吸引力，以至于班上有很多学生都举手，争着去。我当时选她去，真的是从内心希望她能从讲座中学到些东西，改变自己！可是现在她这么不愿意，我只好修改名单。为了缓解班级的氛围，我故意笑着说："好吧，那我们就把这难得的好机会让给其他同学咯，不要后悔哦。"

从她的举动中，我突然觉得，她其实应该只是一个脆弱的小孩，而不是我以前以为的不可一世、嚣张、不羁的孩子，她外表强悍、倔强，内心却柔软、脆弱。我知道，对于这种孩子，我必须软下来，不能只是用强硬的一面，直接硬碰硬，而应该以温柔的一面去面对她，动之以情，晓之以理，慢慢地感化她的心，渐渐地走近她的内心。接下来，我找她的父亲了解她的一些情况。她父亲马上约我见面。我们谈了很久，从谈话中，我慢慢知道了她是个什么样的孩子了。她父亲说："我这个小孩脾气比较偏，但是心地很善良，只是嘴巴不饶人，而且不懂得和人相处。以前读小学，还因为和班主任闹意见，一度不肯去学校。所以，我也一直担心她现在和老师相处得怎么样。"此刻我才知道，她并不是刻意针对我，只是性格上的一点小问题而已。得到了这些信息后，我决定改变对她的态度和教育方法。我再次找她谈话，并且一改以前一板一眼的说教，而是用很幽默、轻松的语言和她说，我也不强迫她回答我，但是我会等待她回答，如果还是不说，我就继续自己说。慢慢地，我觉察到她有一些细微的变化：她的嘴不再嘟起来，看上去顺了很多。从头到尾，我都保持着微笑，尽管她最终也没说什么。但是我不再生气，不再大声地呵斥她，而是笑着说："憋了这么久，是不是该发几句声啊？是不是很想说点什么啊？"其实我也不指望她一次就改的，毕竟这么多年形成的习惯，要慢慢来。这次谈话之后，我更加关注她了。上课会点她回答问题，只要她说了话，我都极力表扬。她毕竟是孩子，听到表扬还是会很开心的，虽然她没有表现出来，但是我能从她的行为中读出来。因为她上课比以前更积极了，还会参与同学们的讨论。下了课，我会走到她的座位边，找她聊天，不管她答不答我。第一次月考之后，她一下子进步了90多名。我非常开心，也兴奋地告诉了她："恭喜你哦，这次进步非常大，全年级进步了将近100名。"然后，我又帮她分析了每一科的情况，说："你看，你的历史才50多分，你记忆力这么好，稍微再用心点记，肯定能再加二三十分的，是不？这样的话，你的进步就不只100名了啊。"她听得也是一脸的得意，冒出一句："切，我都没怎么去读。"哈哈，小孩子就是小孩子，禁不住表扬的。下午，我又抽空打了电话给她父亲报喜。因为，我听说她父亲其实对她很严厉，有时还会因为在校表现不好而棍棒伺候。之所以打电话给她父亲，是希望她父亲能表扬她，多给她点信心。没想到的是，晚上，她居然破天荒地发短信给我："谢谢你，李老师。"虽然就是简短的几个字，也听过很多学生说过，但是她这几个同样的字，却让我异常感动，曾经那个不懂礼貌的孩子，居然也会对我说谢谢了。看来我的努力没有白费。原来每个孩子心里都有一个天使，看你怎么挖掘了。

现在看来，当时的工作还有很多不足和稚嫩的地方，但从这个孩子的故事中，我感受到，作为教师，只要我们用心，只要我们真心爱学生，愿意走近他们的心灵，并且真心希望他们能有所收获、有所作为，我们就一定会想到更多的办法、更好的做法，并赢得学生的尊敬和喜欢，同时能够真正地改变学生。让我们都能做有爱心、有策略，能感化学生的好教师！

爱是向阳的力量

深圳高级中学（集团） 李春萌

每一个看似"出格"的灵魂下，大都藏着一颗正在宣告想"被爱"的心灵。

回首与学生往昔的每一份回忆，那些点点滴滴，到最后都变成同一种味道的怀念——爱。

故事一

小琪是我教过的女生中堪称"出格"的典型：动不动恶言相向，出口成"脏"；在全班安静时，她会突然非常大声地蹦出"哇"一类的怪声；她还胆敢骂老师"黏线"……她就是一个无法无天的人。

起初和她谈话，我好说歹说，她在我面前死活都不吭一声。

一次，她又和男生大打出手，我虽气急却还是和她唱了长达一个多小时的"独角戏"，既气愤她的屡教不改，又心疼她被男生抓红的脖子。看到她在我面前那波澜不惊的样子，本以为她还是无动于衷，可后来学生告诉我："回来后，她哭了。"我着实惊讶——她为了我的话哭？是后悔？还是不满？我竟不能判断。也正是那一刻，我才忽然发觉自己其实并没有真正理解过她。

她缺乏爱。父母离异，她跟着妈妈过，但妈妈忙着生计，没空陪她。每晚她都是上网打游戏到12点也无人过问；身边同学都讨厌她这些另类的行为，她没有真正的朋友。正如几天之后她在周记里所写：你是真的关心我吗？我想我身边没有这样的人。

我顿时对她心生怜惜，开始把爱的天平倾向了她。

我开始找各种理由让她和我互动：帮我取东西，帮我转达通知……我的"小助理"一上线，我就发觉她的眼睛发亮，似乎有被委以重任的开心。当她与同学又发生摩擦时，我不管三七二十一在她面前先批评那名同学，再批评她，然后才私底下找那名同学解释：老师需要你和老师一起努力改变她。批阅周记，给她满满一大页的回复……当"老师偏心"的话传进她耳朵时，看得出她是开心的；而当她再犯错时，自然就有同学对她说："现在大家都知道老师最疼你，而你却做错事，这不是为难老师吗？"

她懂这个道理，所以她开始改变，上课安静听讲，粗言秽语在她口中也渐渐消失，谈起了学习；有时还会帮同学做事情。她的转变，自然也让其他同学对我心悦诚服，理解之前的种种。野蛮的"偏爱"真的可以改变一个同学。

故事二

初一伊始，小杨被分配给我担任科代表。

只是初一，他虽然长得人高马大，但是心智非常幼稚，还极易冲动。他经常和男生追逐打闹，前一秒还亲密无间但是下一秒因一言不合就打得不可开交；他有些小聪明，所以课堂上常常喜欢接话卖弄，讲起来没完没了；科任教师让他留堂沟通，他说学校静校时间到了，他得回家了，老师不让，他当面就说老师限制他的人身自由……同学们都不喜欢他，老师们也常因他头疼。

我有意识地给予他多一分耐心与关注，常听他抱怨，也常听他表达他的见解，更常给予他理解和支持。他还算听我的话，也愿意为我主动做事。可他对其他人脾气依旧，一次在他和同学打了一场架后，他被班主任免去了科代表一职。我也恨铁不成钢，可看到他站在我面前一脸愧疚时，我还是忍住批评，也不责怪，只是将一切化作与他失望而对的眼神和轻飘飘的一句话："想重新做我的科代表，请拿出行动。"

之后，他依然默默地帮助其他科代表统计作业，收发本子；课堂上却少了他放肆的言谈。大考小考，我都会在他卷子上有意留下一些文字，譬如"低级失误""请认真""有进步"等，让他知道我一直在关注他。

上学期期末，我为每个科代表准备了奖状和小礼物，自然也没有落下他，当念到他名字让他上台领奖时，他的惊喜溢于言表，当他伸手接过奖状时，竟当众流泪了，对我说："谢谢老师您还把我当成您的科代表。"我想着不能错过这个他内心最柔软的时刻，便对他说："我只盼望班主任能尽快正式复你的职，请你努力！"

后来，他学习越来越努力，表现越来越好。有一次，之前和他打架的那个同学不知怎么又泼了他一身水，可他忍住没对打起来，而是请假回家换衣服，当班主任告诉我这件事，且说他临回家前还小声嘟囔"其实我也很想打他，可是，我又不想让老师失望"的情态时，我心里乐开了花，我想，那朵花叫做爱。

在漫长的教师生涯中，教师的爱是一股强大的向阳力量，用耐心、细心浇灌它，它便可以在学生身上生根、发芽，茁壮成长并终将让我们在爱里乘风飞翔。

初高中衔接管理

深圳高级中学（集团） 林来金

初三下学期的工作，主要是尽快形成本班的学习、备考氛围和文化特色，抓好学生从初中到高中过渡期的工作，使学生尽快适应高中的学习节奏，抓好各学科的基础学习，为将来的高考做好准备。

1. 继续高要求、高标准，抓好常规工作

从开学的第一天起，我们就开始了"三个提前进班模式"的管理，学生也很快从放假状态中调整过来，每天都会在早上7：00和14：00之前回到教室进行自习，或者准备好上课的用品。

落实小组值日制度。由于班里有6个小组，所以班级形成以小组为单位，采取小组轮值的方式，组成周一到周五的值日安排。其具体安排由组长负责分配，落实到个人，而具体要求则由生活委员负责检查落实，认真贯彻年级的要求，做好白天的保洁和下午的清洁，从而使班级的值日工作有条不紊地进行，学生明显具备了一定的保洁意识。

2. 培养得力的班干部，实行学生自主管理

我班组建了10人的班干部团体，班干部各自分工负责，并分散到各小组，与组长结合，对小组成员的组成进行挑选和管理。我还专门挑选了5名有责任心、自律性较强的同学担任每天的违纪情况记录员，做好每天的情况登记，及时反馈给

班主任，并在班上做出统一的处理。目前，整体的纪律情况良好，部分班干部的能力得到了锻炼和提升。

3. 提升班级凝聚力

我班主要利用学校和年级组织的各种活动（包括学校的军训、体艺节和年级的秋游拓展等活动）来提升班级凝聚力，而在这些比赛或活动中，大家积极参与，互相鼓励、互相帮助，同学之间的交流进一步发展，感情进一步加深，更让学生对班集体有了更强的认同感。

4. 加强文化课学习

我班充分利用学校和年级的分层教学契机，结合本班学生的情况，引导学生尽快完成从初中到高中的过渡，尽快适应高中的学习难度和节奏，并通过日常的学习和教育，让学生对高考有一个初步的了解，并注重培养学生一定的高考意识和能力。我会利用班会课和平时与学生聊天的机会，缓解学生的压力并给予鼓励；每次的月考都及时进行本班的总结以及本班优秀学生的展示和鼓励。各学科充分利用教室后面的学习园地，粘贴学科的学习方法或者优秀答卷展示，营造更好的学习氛围。目前班风、学风都有较大的提升。

本学期我还注重个人的学习，包括：教育理论的学习，并注意把一些先进的理论应用于课堂，做到学有所用；扎实自己的基本功，做好教研工作；通过向老教师学习，切实提高自己的基本功；学校严抓教学质量，我以此为契机，加上多次外出教研学习，我在提升自己的同时，改进教学方法，对学生提出新的要求，有效提升了自己的教学质量。

从"敌人"到朋友

——浅谈与家长关系的转化

深圳高级中学（集团）　刘优花

【教育背景】

有效的家校沟通是建立良好家校关系的关键因素，尤其是在当今社会，大部分孩子都是父母的"掌中宝"，一点点风吹草动，都会让整个家庭"风声鹤唳、草木皆兵"。对于一年级的学生，因为他们年龄小，自我保护意识差，特别容易受伤，当学生在学校"受伤"或者"被欺负"时，家长特别容易情绪激动，沟通起来也特别困难，一不小心就容易导致家校关系的恶化。作为班主任，我们如何引导家长正确面对孩子的受伤，建立良好的家校合作与互动，对班主任的沟通协调能力提出了考验。

【事例重现】

一年级开学第二周，我们全体班主任去教育局接受新学期培训。培训结束后，还在回家的路上，我就接到了轩轩妈妈的电话。电话里是满满的火药味，间或夹杂着英文，处处透露出"我不好惹"的态度。

"刘老师，我是轩轩妈妈！我今天出差了，但是轩轩奶奶打电话跟我说，轩轩今天在学校受伤了，全身都是血，我想问问是怎么回事？"

听着轩轩妈妈的质问，光想想孩子全身是血的画面都让人不寒而栗。但是为什么发生这么重要的事情，副班都没有跟我说呢？我赶紧对轩轩妈妈说道："轩轩妈妈，现在轩轩怎么样了？需要去医院吗？因为我今天外出学习了，我不知道具体是怎么回事，您先别着急，我马上打电话给上课的老师，了解情况后第一时间回复您。"

"你作为班主任，发生这么大的事情，你居然什么都不知道？你这个班主任是怎么当的……"轩轩妈妈没有得到自己想要的答案更生气了。听着她的一顿数落，我心里也挺难受的，一年级刚入学，对于每个家长的性格脾气我还不太了解。但是我知道现在不是感情用事的时候，耐心地听完轩轩妈妈的"控诉"后，我安慰她并表示一定给她一个满意的答复。

挂断电话后，我立刻拨打了副班的电话了解情况，原来在数学课堂上，轩轩坐不住，一直在座位上动来动去，可能因为椅子背后挂着书包，书包比较重，在他挪来挪去的过程中，椅子翘起来了，他在坐下的时候没坐稳，摔倒了，鼻子撞到了课桌腿，流鼻血了。当时就送他去医务室处理了，并没有全身是血，不过衣服和脸上确实有血迹，没有让他擦干净就让轩轩奶奶接回去了。因为并不严重，所以副班没有立刻告诉我，想等我学习回去再说。

了解了事情的来龙去脉以后，我再次拨通了轩轩妈妈的电话，跟她说明了事情的经过。可能因为之前轩轩妈妈已经发泄了自己的情绪，再加上在等待我了解情况的过程中，她冷静了不少。再次电话沟通的时候，她的语气平和了一些。她告诉我：轩轩的鼻子很敏感，鼻腔内膜很脆弱，之前就很容易流鼻血，看了很多医生，吃了很多药，做了很多治疗才有所好转。今天一听说鼻子受伤了，奶奶说全身是血，她就吓到了，加之她又出差在外，不能立刻回去，所以特别着急。想找班主任了解情况，结果班主任却说不清楚，让她觉得孩子没有受到重视，更是火上浇油，所以爆发了不满。在听了我的叙述和处理后，轩轩妈妈已经彻底冷静了下来，她为自己的鲁莽向我道歉，也表示以后处理事情会更加冷静，不应该在轩轩奶奶说了情况后，没看到孩子就自己脑补画面。我安慰了轩轩妈妈，并让她最好发视频给孩子，看看他的现状，如果有需要，最好去医院做进一步检查。挂断电话后，轩轩妈妈立刻给孩子发了视频，发现孩子能吃能玩，精神状态很好，揪着的心也放下来了，还给我发了微信语音表示抱歉。

【教育效果】

这件事发生后没多久，班级设立家委会，轩轩妈妈居然第一个报名，并且在后续的班级活动中为班级建设出了很多力。现在，我和轩轩妈妈已经成为无话不谈的好朋友。

【总结反思】

与家长沟通是班主任工作的一个重要组成部分。班主任总是免不了和各种各样的家长打交道。一般来讲，家长和教师的目标是一致的，都是为了学生的健康成长，沟通起来比较容易。但是，随着社会的发展和价值观的进一步多元化，家长对教师的意见和做法不再像以前那样言听计从，尤其是在自己的孩子受伤后，特别容易情绪激动。在这种情况下，教师如何和家长进行有效沟通呢？班主任的沟通技巧就尤为重要，特别是在孩子受伤后，面对强势的家长，我有以下心得：首先，正视家长感受，与之共情。通常，我们在面对事情的时候，第一反应往往是追究"谁的责任"。其实，在发生孩子受伤这样的事情时，班主任的第一反应应该是先关心孩子、解决问题，特别是在家长不了解情况的时候，沟通时更应该站在家长的立场去体会他们的感受，而不是去追究责任。这样能有效"扑灭"家长内心的小火苗，为后续的冷静沟通做好铺垫。其次，重视孩子安全，保持冷静。孩子受伤后，班主任第一时间应该是查看并处理伤口，不管是家长来校还是学生回家，都尽量不要让孩子"血迹斑斑"地出现在家长面前，以免家长失去理智。最后，持续跟踪后续，良性沟通。教育不是"一锤子买卖"，不是解决完这件事就高枕无忧了。在处理完孩子当时的情况后，班主任可以在后续的工作中，持续观察孩子的状况，课间多多关心孩子，课后可以打电话询问孩子伤口的恢复情况、精神状态，如有必要可以上门慰问，并在持续的沟通中，了解家长的性格特点，知己知彼方能百战不殆。

总之，在与家长的交往中，如果班主任能本着"用母亲的心思换位思考，以教师的专业悉心指导"，家校教育就会取得合作共赢的效果。

从生活走进学科教育

——对培养资优生的思考

深圳高级中学（集团）　赵振囡

社会在发展，时代在进步，无论是学生、家长还是教师都在追赶新世纪的脚步。为国家培养优秀的人才是教育工作者最终的教育理想。可是何为"优秀"，如何"优秀"，是每一位教师都要思考的问题。社会的发展，对优秀的定义也有新的解读。在过去的教育中，家长、教师、社会对于文化课成绩优异的学生大都认同为优秀。随着科技的发展、时代的进步，各个领域对人才能力的要求也更多元化，对人才素养的要求也更全面。渐渐的，我们发现，对于优秀学生的要求不仅仅有数理化的成绩，还有思想道德、创新实践与探究等方面的表现。

我是一名从事信息技术教育的教师，以信息技术学科为例，在我们学科中对"资优生"这个概念接触比较少，我们谈得更多的是创客，我理解的资优生和创客生有异曲同工之处。我们的理解的资优生思维敏捷、记忆或阅读能力强、高理解力、思想比同龄孩子成熟些、对解决问题方面有另类兴趣、办事的速度快、能用较少资源处理大量素材、对问题探究方面比同龄的孩子更广泛和深入、表演欲望强、能较主动地表达自己的意见、多言好动等。

在学生的培养过程中，对一些实际问题，不知道其他教师会不会也跟我有同样的感受。首先，我认为对于学生的培养需要慢工出细活，我需要有大量的时间、课时，或者中午的时间和学生在一起，如一起做一个项目、一起完成一个实践活动，因为信息技术是一门实践性、综合性都很强的学科，要想把这门学科的特点发挥到极致，最根本的是时间。面对现实，在有限的时间和空间里，我们除了要完成基础教学以外，还要开拓特色课程，时间上就显得捉襟见肘。其次，培养资优生，教师需要不断提升自己的专业素养，提高自己的能力，这是势在必行的，不然我们无法装得下那一桶水，更无法给学生一瓢水。基于这个问题，我希望在工作中，学校能够给予教师更多的学习机会以及学习时间和空间，让教师也能像学生一样，做一个教师队伍中的"资优生"。

作为一名信息学科的教师，同时作为一个妈妈，我觉得培养孩子成为资优生，母亲的身份更重要，任务更艰巨。理由主要有以下几个点：①想要孩子爱读书，父母要以身作则，勤于学习；想要孩子爱动脑筋，父母更要勤于思考。父母如果能做到，在父母与孩子的长期互动中，孩子就会深受影响，父母也就不用担心孩子不读书、不思考了。孩子喜欢模仿，许多人都是在父母的影响下成为伟人的。②想成为资优生的父母，那么在生活中，我们就要培养孩子坚韧不拔的意志。家庭教育是一项艰巨的、系统的工程，需要父母付出大量的时间、精力、物质以及财富。在生活的点点滴滴中，父母要鼓励孩子，无论遇到多大的困难，都不要放弃目标，教会孩子做任何事情都要再坚持5分钟，越过那一个最困难的点，眼前的风景就不一样了。在这个过程中，孩子不学习、不听话，家长应该冷静思考，认真分析原因，改进或者尝试采用不同的教育方式方法，不要一味地批评、指责、放弃。这一点在生活中，我一直在督促自己加强改进。

在教学实践中培养资优生，我主要是结合我的学科特点，在课堂中创设很多实践活动，让学生完成各种项目式学习，如设计旅行计划、分析避障机器人制作的原理和过程等。学生也可以开阔我的思维，我从他们的身上学到了很多我不知道、不了解的内容。我鼓励学生勇敢、大胆地表达，同时我在课堂上会设置一些评价，如对于一项学习活动评价或对于活动的过程性评价，包含互评、自评和教师评价等。

底 线

——一次师生冲突引发的思考

深圳高级中学（集团） 罗雯婷

"现代的学生以独生子女为主，他们更习惯于张扬自我而不是被动接受，所以给他们说话的机会并重视他们的发言，再进行对症的教育，显得尤为重要。"

——摘自《心理咨询的谈话技术》

很早以前，有位同事告诉我，她不轻易在学生面前发火，因为发火了，他们就知道自己的底线了。一直以来我不敢苟同，因为我始终以为：让学生知道自己的底线没什么不好的，至少他们有所畏惧。即便如此，从教五年以来，我从未在学生面前暴露过自己的"底线"；即使学生因为各种原因破坏了规矩，我最多就是"按规矩办事"，利用各种惩罚或激励的措施，和颜悦色，没有真正发火。但是这一切，都在我自以为教学路上如鱼得水的第六年中发生了变化。

我第一次暴露自己的底线是在国际体系教学生涯的第一个学期期末，也就是我从教第六年的年中。

就在接近期末，各种成绩结算面临最后期限时，我对着一个明明有能力做好却总是不交、拖交作业的学生发了火。更糟糕的是，我的火气当着全班学生的面爆发了。虽然是在课间，但是我明显地感觉到，周围的学生都知趣地散开了。

事情原本和以往一样，仅仅是课下善意的提醒，提醒他答应的任务不能再拖了。只不过这一次我的语气中夹着不满，表情也自然而然地透露出责备。这个学生之所以会把我招惹得爆发，完全是因为他说他苦苦寻找的合作伙伴"做不了"这次的课堂展示，因为他晚上要出学校去上培训课。在我看来，这就是借口，用来逃脱他一直以来未能兑现的承诺。两周前的信誓旦旦、一周前地找借口推迟，加上这周"替合作伙伴求情"，我的气不打一处来，责怪成了自然的结果。此时的我还没有发火，还没有暴露底线，只是说了一句："你怎么又要拖？"但他的反应让我意想不到：他将手上的东西往桌上一甩、手往口袋里一插、向后靠在座椅上摆出一副很不爽的模样嘟囔了一句："那我不做了！"当时的我身怀六甲，情绪本来就易波动，他这一挑衅还了得？我生平第一次红着脖子和一个学生当众吵了起来。

结果可想而知，这个学生越来越执拗，根本不会妥协。我试图让他跟我出教室，但是没有成功。当我意识到局面已经在我的控制之外时，深吸一口气，对他说："好，我们俩现在都在气头上，没办法解决问题，你最后一节课之后来我办公室。""我要吃饭！""那你吃完饭来找我。"……最终，我忍住眼泪夺门而出，回到办公室大哭了一场。

午间，正当我准备放弃等待时，他出现在我的办公桌前，依旧一副不爽的表情，只不过视线不再故意移开，开始直视我的眼睛。我知道他有话想说，于是问："你想怎么办？"他仿佛受了很大的委屈，说："你一上来就冲我发火，我又没有说我不做！""那是我听错了？""我莫名其妙地被你说，我一开始又没有说我不做，你一上来就说我怎么又推迟，你冲我发火，我才说不做的。"我明白此时再说什么也无用，就告诉他自己确实是带着一直以来积累的偏见，所以不说之前的事了，就想知道他什么时候能完成这次任务。他明显是有备而来，立刻就说按照原定计划第二天就做。我点点头，结束了这次谈话。当天中午晚些时候，当大家都还在午休时，他就拿着做好的PPT来找我预先展示了。我给他和他的合作伙伴提了一些建议。在第二天的课堂展示中，他的表现比他苦苦寻找的帮手还要好。

这就是我的第一次"暴露底线"，但尴尬的是，我没有意识到学生也是有底线的。

很多心理学案例都反映出中学生的一个特点：在同学面前好面子。这"面子"就是学生的底线。既然每个学生都好面子，那么最好的教育方法就是顾此不失彼。"顾此"就是不要将自己的底线当空气，要把握教学过程中不能触犯的原则；"不失彼"就是不触犯学生的底线——面子，明白最基本的与学生谈话的技巧。

隔屏如隔山，山海皆可平

深圳高级中学（集团） 吴 丹

【教育背景】

2020年春节，一场突如其来的疫情让全国笼罩在紧张的氛围之下，按照有关安排，学生需要长时间上网课。对世界还懵懵懂懂的学生很容易受到周遭的影响，初中生意志的不坚定和心理上的抗拒以及父母不恰当的管教方式，导致部分学生不仅学习大幅度退步，而且亲子关系也日益紧张。作为班主任，我经常会接到大大小小的"官司"。虽不能至，但遇事而诲，更应该抓住每一个教育的契机，做学生的引路人。

【事例重现】

在网络学习期间，学生的积极性难以调动，表现在上课时不互动，下课时也很漠然，连日常基本的问候都消失不见，作业质量不高。由于父母工作繁忙，学生在网络学习期间的自觉性不高，无人看管，状况百出，学优生感到自己退步了，却不知如何巩固提升；后进生的不自律和叛逆同家长暴力解决问题的冲突，更使得亲子关系出现了裂痕。隔着屏幕，如何提高学生的积极主动性、缓和亲子关系成了我网课阶段亟待解决的问题。

对于上述问题，我采取的办法是，拉近师生之间的距离，以一个年长学生几岁的朋友的身份，把我要说的话以文字的方式"传递"到他们的心里。

初一（22）班的小可爱们：

展信happy！

我是你们许久不见的吴老师，距离我们上次见面已经有52天了，我经常想起放寒假的前一天你们满心欢喜、满载而归的模样，我也会时常翻看我们上学期一起度过的五彩缤纷的点点滴滴，有的时候你们会给我许多感动，有的时候你们又总惹我生气，不知道你们是否也会想起我这位美丽的班主任呢？

如果担心上课走神，就把我的照片贴在电脑旁，吴老师的凝视！（注意：我要彩色照片，不要给我做表情包）

想和你们说的第一句话——越努力，越幸运。

不知不觉开学已经过去近一个月的时间，因为这场突如其来的疫情，老师不能时刻陪伴在你们身边，因此，老师的担忧也随之而来。对着屏幕上课，老师看不见你们的状态，但总有自律的同学很早就起床，看到家长发来的早读视频与照片，我真是欣慰，然而也依然有同学睡懒觉，怎么叫都不起；有的同学提前预习，认真听课，积极互动，有的同学却以上课为由，用手机或电脑聊天、打游戏……是的，我们静待花开，一切终将过去，但过去之后呢？我相信时间一定是最公平的审判者，无论你怎么否定，都不能改变一个事实：没有谁的幸运，可以凭空而来。世上从没有一蹴而就的成功，有的只是日积月累的坚持。这个世界很公平，你的每一次努力都是在为你的未来铺路，你只有越努力，才越幸运。

作为一个资深学霸，老师想把我的秘籍毫无保留地送给你们：①制订自己的作息时间表，每天做什么要做到心中有数，晚上记得盘点一下今天完成的计划，你一定会非常有成就感，心怀憧憬地迎接明天；②先做该做的事，再做想做的事。③动笔思考，认真专注。

老师曾经做的学习计划，都是古董级宝物。

是的，这些都是老生常谈的方法，只是因为你还没有执行，所以没有任何感受。也许现在的你还做不到，但是没关系，相信我，我们从坚持一天到坚持一个星期，再到坚持半个月，你一定会大有收获！

想对你们说的第二句话——愿你们早日读懂父母心。

我们都曾对父母有过太多的抱怨、太多的挑剔、太多的不满，尤其上网课这个阶段，老师经常会接到很多剪不断理还乱的"小官司"，成了一个不太专业的调解人。老师小声地跟你们说实话，上学的时候我也时常会和父母拌嘴，给大家展示一下多年前老师和妈妈的战斗史。

拿出十年前的日记，老师真是跟你们掏心窝子了。

值得庆幸的是，当年我听从了老师的劝导，这只是妈妈鞭策我的一种方式，学习是为了自己，努力也是为了自己美好的未来。多年后我才意识到，就是那个严厉"冷血"的妈妈，督促我不能满足现状，只有不断求索，才有了今天的我。所以，我才能够顺利地求学，找到自己喜欢的工作，过上幸福的生活。但很多人就是不愿"听话"，撞了南墙也不回头呢！我还是想做个聪明一点儿的人，撞多了南墙会头破血流，尤其是在我们羽翼还未丰满之时，"听话"是亘古不变的真理。大家还记得上个学期我们一起学习史铁生的《我与地坛》吗？老师曾经和大家分享过史铁生的一段话："这倔强只留给我痛悔，丝毫也没有骄傲。我真想告诫所有长大了的男孩子，千万不要跟母亲来这套倔强，羞涩就更不必，我已经懂得了可我已经来不及了。"

孩子们，为了取得好成绩，你们需要付出很多，在这个过程中，你们需要承受很多压力。但是老师想跟你们说，其实你们的父母比你们更加不易。从有了你们那一刻开始，他们就要承受很多压力。他们要艰难地与过去那个自由的自己告别，还要掩饰好生活施加在他们身上的沉重负担，就连崩溃，他们也要躲在你们看不见的地方。成年人的世界，从来都不容易，为人父母更是不容易。他们不辞辛苦，努力工作，就是为了能让你们坐在舒适安静的教室里学习，为了你们能有美好的将来。你们为青春拼搏，父母也付出百倍辛劳。我们对父母百般苛刻，我们要求他们完美，我们恨他们对我们的期望……其实父母只是用他们的方式爱我们。我由衷地敬佩我们班级同学的爸爸妈妈们，如果是我，未必能做到这样。

想对你们说的第三句话——积极拥抱我们的青春。

同学们，老师是一时的，并不是一辈子的。老师只能陪你们走过人生中极其短暂的一段路程，但老师从没有把你们当作一时的过客，而是一辈子的亲学生，你们是自我当班主任以来第一批亲学生，于我而言，你们是我的"初恋"。

能遇到如此尽心尽力、尽职尽责的各科老师，是你们的幸运，也是老师的幸运。以前我在办公室里经常会听到黄老师说，你们当中的谁不听话，谁不交作业时，我真的好难过！宋老师因为我们某些同学考试及格了，能开心一整天。就算是在最艰难的网课阶段，咱们的老师每天都时刻在线为我们答疑解惑。最难过的就是看到同学们面对热情负责的老师无动于衷，你们的一句"老师辛苦了""谢谢你，老师"，以及你们的点滴进步都会让老师的内心暖乎乎的。

老师无时无刻不希望你们能好好地学习、生活，健健康康、快快乐乐地成长，考入你们理想的高中，拥有一个繁花似锦的未来。你们永远是从初一（22）班走出去的，代表着我们班的形象，真心希望你们记住我曾经对你们说过的每一句话，这样你们就能找到自己。

我曾经说过，我对你们所有人都是公平的，我并不会因为谁成绩好就偏向他，也不会因为谁成绩差就疏远他。在我看来，你们都是我的学生，你们都是天地间独一无二的存在，没有谁可以取代。正因为你们独一无二，你们更要相信自己，知行合一，坚定信念！

不奋斗的青春，终将会留下遗憾。老师只希望，你们能在有限的青春里努力奋斗，在未来能过上自己喜欢的生活。这是老师送给你们的礼物，也当作礼物送给自己吧！愿你们一生平安，岁月无忧。

2020年3月9日
一直都在线的吴老师

【教育效果】

一方面，通过"我"初中阶段问题的展示，能够使家长的焦虑有所缓解，知道不是只有自己家的孩子"不省心"，初中生这一阶段的特点就是对师长表现出不驯服，他们的意愿和人格希望得到尊重，且因为处在转折时期，思想和行动还未摆脱稚气，不够自律，所以主观愿望与客观现实常常充满矛盾。另一方面，我以过来人的身份引导学生，让他们从自以为是的圈子里走出来，并引用学生曾经学习过的文学作品以引发共鸣，提醒学生多关注父母的出发点和背后的辛劳付出。

值得高兴的是，大部分学生都能够对网课学习有所反思，作为科任教师的我，看到学生又和以前一样亲切地问候老师，课堂氛围明显好转。学优生主动制订学习计划，按部就班地完成自己布置的各项任务；后进生也能和父母商量手机的管理，先做该做的事，再做想做的事情，既有所成就，也有所期待。

【总结反思】

作为年轻的班主任，我们在不断积累教育智慧的同时，更应该利用好"年轻"这一优势。学生所遇到的问题和困难都是我曾经经历过的，这些问题通过自己的努力去解决。我以"过来人"的身份引导学生，从而引发学生的共鸣，做他们的引路人。对部分情况比较严重的学生，除了这封信的鼓励，我还和家长勤沟通，给学生多打气，让这股"热乎劲儿"持续到帮学生形成习惯的程度，让隔着屏幕的学生也能感受到来自老师的温度。

鼓励与表扬

深圳高级中学（集团）　钟维静

去年暑假，为了更好地管教自己的小孩，我主动报名参加了为期三天的《正面管教》线下系统家长课程。这次的学习经历让我受益匪浅，不仅教会了我在育儿道路上需要的态度和方法，而且对我的教育教学工作启发很大。其中，我最想分享的是我在工作中使用的"正面管教工具卡之十二：鼓励与表扬"的心得体会。

我们先来理解一下鼓励和表扬的区别。斯坦福大学著名发展心理学家德韦克曾经带领她的团队做过一个著名的实验：

在实验中，他们让孩子们独立完成一系列智力拼图任务。首先，研究人员每次只从教室里叫出一个孩子，进行第一轮智商测试。测试题目是非常简单的智力拼图，几乎所有孩子都能相当出色地完成任务。每个孩子完成测试后，研究人员会把分数告诉他，并附一句鼓励或表扬的话。研究人员随机把孩子们分成两组，一组孩子得到的是一句关于智商的夸奖，即表扬，如"你在拼图方面很有天分，你很聪明"。另外一组孩子得到是一句关于努力的夸奖，即鼓励，如"你刚才一定非常努力，所以表现得很出色"。

随后，孩子们参加第二轮拼图测试，有两种不同难度的测试可选，他们可以自由选择参加哪一种测试。一种较难，但孩子们会在测试过程中学到新知识；另一种是和上一轮类似的简单测试。结果发现，那些在第一轮中被夸奖"努力"的孩子中，有90%选择了难度较大的任务。而那些被表扬"聪明"的孩子，则大部分选择了简单的任务。

德韦克说："鼓励，即夸奖孩子努力用功，会给孩子一个可以自己掌控的感觉。孩子会认为，成功与否掌握在他们自己手中。反之，表扬，即夸奖孩子聪明，就等于告诉他们成功不在自己的掌握之中。这样，当他们面对失败时，往往束手无策。"

从中我们可以得出，鼓励的关注点在孩子做的具体的事情上，针对的是过程和态度，强化的是内驱力；而表扬关注的则是结果和成效，受表扬多的孩子容易对"自我价值"产生怀疑。所以，不管是家长还是教师，都要"多鼓励，少表扬；多描述，少评价"。

接下来，我想分享一个我鼓励学生的案例。人们常说："教育一个人最重要的机会，是在他（她）做对事的时候。"所以，我一般会选择在学生"做对事的时候"狠狠地鼓励他（她）。

刚认识小强同学的时候，他还是一个调皮捣蛋的学生，不尊敬师长，上课喜欢插嘴讲话，成绩一直徘徊在班级中游上不去。我默默地关注着他的表现，等待着教育契机的到来。

一天早上，我正走在教学楼的走廊上，忽然听到小强跟我打招呼（之前他从来不跟老师打招呼）："钟老师，早上好！""早上好！吃早餐了吗？"我微笑着回应了他。"嗯！"说完他就回教室去了。

当天，我在他的作业本上留了张"鼓励贴"——今天早上你主动向老师问好，感谢你带给我一天的好心情！之后，我注意到小强变得更有礼貌了！后来，每次碰到我，他都会主动问好。

礼貌问题解决了，可上课插嘴讲话及学习的问题仍未解决，我在等待另一个教育契机的到来。

又是一天早上，我在批改学生的好词好句摘抄作业。我发现小强那一天的作业完成得特别好，我感觉教育的机会来了。于是，我在他的作业本上又留了张"鼓励贴"——你的作业看起来赏心悦目，看得出来你昨晚完成得很用心，这是你自己专注努力做到的！Remember：Nothing is impossible if you put your heart into it.

那天上课时，我特地留意了他的行为表现，他明显"收敛"了，甚至开始举手回答问题，并且认真做笔记。

我继续在他的作业本上留"鼓励贴"，以不断地正强化他的行为。他的课堂表现越来越好，成绩也在不断提高。

一次单元测验后，他在他的作业本上给我留言："钟老师，昨天对了答案，发现我考了98分！谢谢您！"我还是给他留了张"鼓励贴"——Congratulations! 这是你自己上课专心听讲，用心完成作业，认真做练习的结果。从初一到现在，你不断地超越自我，永不言弃。You made it!

现在小强的英语成绩稳居班级前十。见到我，他还是一如既往地问声好，上课经常举手回答问题，还不时充当小老师给班上同学答疑解难。

我很庆幸自己系统地学习了正面管教，我更庆幸自己学以致用，没有像以前那样只会"表扬"学生，而是充分运用"鼓励"这个工具。希望在以后的教育教学工作中，我可以用正面管教的工具帮助到更多的学生。

关爱与陪伴的力量

深圳高级中学（集团）　陈春羽

【教育背景】

孩子从幼儿园到小学的节点，是一个重大转折，是一个新的学习阶段的开始。在这个转折之中，有的学生能很好地适应小学生活，有的学生则在陌生的环境中产生消极情绪，如紧张、焦虑、恐惧、孤独、委屈等，这些情绪通常会外化为"不听课""不遵守规则"等行为。面对刚从幼儿园来到小学的学生，我们应该给予他们更多的爱心、耐心，让他们在关爱与陪伴中适应小学生活，培养他们良好的行为习惯，树立他们学习的自信心，激发他们学习的热情。

【事例重现】

在接手一个一年级的班级时，我已经做好了心理准备。每个班级或许都有几个不适应一年级学习生活的学生，或许有几个行为习惯仍需要培养的学生。在开学后不久，我就注意到了班上的小利同学。这个长相帅气可爱的男生时常会做出让老师头痛的行为。比如，上课不专心，经常摇晃座椅，兴奋时会站起来，和同学时常有矛盾，午休时不愿意睡觉，会在地板上打滚……他每天都用不同的图案"装饰"他的课桌，他对老师的指令充耳不闻，如果老师在课堂上点名提醒他坐下，他就会站起来围绕教室奔跑；如果老师离开讲台制止他，他会跑得更快，并且得意扬扬地跳起舞来，班上其他学生也会被他逗得哄堂大笑，使得课堂秩序难以维持。

在教育过程中，家长与教师的关系就像合伙人，只有家校协作，形成合力，才能更好地帮助学生成长。因此，在小利做出类似行为后，我及时联系了小利的妈妈，了解小利的成长经历，寻找这些异常行为的根源。原来小利的父母工作忙碌，母亲晚上和周末都会尽量在家，父亲经常出差在外地，爷爷奶奶则成为带孩子的主要角色，老人对孩子比较严厉。小利在幼儿园时表现出众，平时待人友好。对于小利上小学后的行为小利的母亲也感到苦恼，却无从下手。

在了解了基本情况后，我对小利的行为进行了简要的分析。首先，小利在幼小衔接过程中产生的"不适应"，只是成长中的不成熟。幼儿园的课程与教育旨在游戏中培养幼儿的能力，而小学生的学习重点则在系统的文化知识，对孩子的自制力与规则意识提出了更高的要求，因此需要强化小利的规则意识，使其能够区分幼儿园与小学的不同。其次，小利在面对陌生的环境时，内心紧张、焦虑，缺乏安全感，因此，他采用了他最熟悉的方式来对抗身边的同学、老师。最后，小利的行为动机是为了获得大家的关心与关注。小利不遵守规则的一些行为，导致他在学校时没有朋友，他曾经说过："学校没有人和我玩。"小利的心理诉求是被他人关心，因此，他利用老师对他独特的关注，克服内心深处的孤独感。

在小利一系列行为的背后，我看到了一个面对陌生环境不知所措的孩子，我很心疼这个孩子，非常想要帮助他。父母的焦虑会影响孩子的情绪，因此，我首先联系了小利的父母，明确了我对小利的态度，希望家长能够以鼓励为主，多陪伴孩子，倾听孩子说的话，与孩子多交流，配合做好教育。随后，我在班级里跟其他孩子说，小利同学身上有很多优点：他每次都会认真地把课桌擦得干干净净，做值日时手脚麻利，说明他非常爱劳动。我对他们说："无论是大人还是小朋友，都有可能做错事情，所以同学之间要更加包容，团结友爱。"当天，小利上课非常认真，并且积极举手回答问题，认真思考，也没有在上课时画课桌了。我就抓住这个机会，再次在班级表扬他，并且在课后继续鼓励他，希望他能保持。其实小利是一个开朗、健谈的孩子。我让小利把他课桌上的涂鸦擦干净，我在旁边看着他擦。他会在擦桌子的时候和我交流他的所见所闻，会告诉我他的小秘密，他也会炫耀他爸爸回家时送给他的礼物……我认真倾听，并且给予他及时的、积极的回应。在一年级下学期的一次聊天中，小利说："我是不是很不好，都没有拿'三好学生'？我也想和小涵一样拿'三好学生'。"其实上学期小利也获得了一张奖状，但不是"三好学生"。这时，我意识到这是一个很好的教育契机，小利有了学习目标，只是苦于没有学习方法，于是我与小利一起探讨小涵的各种行为习惯，小利意识到小涵能被评为"三好学生"，是因为她课前准备做得好，上课认真、坐姿端正，认真完成作业，课间不追逐打闹……于是，小利下定决心要改正自己的不良行为，培养良好的习惯。我与小利父母也及时进行了沟通，共同陪伴小利成长。

【教育效果】

在我和小利父母的陪伴与引导下，小利已经能够很好地适应小学生活。如今，他不仅上课认真听讲，课间帮助同学，而且主动请缨，承担班级"安全小卫士"这一职责，维持课间纪律。小利已经能够很好地调整自己的心理状态，不再害怕上课，乐于与同学交往。

【总结反思】

教育是长期的、潜移默化的，不是一蹴而就的。面对具有不良行为习惯的学生，教师要持续鼓励学生，帮助学生树立信心。赞赏的力量是无限的，在面对一个陌生环境时，每个学生都会有迷茫的时候，学生需要的是肯定与鼓励，此时教师要给予学生更多的关爱与陪伴，帮助学生适应成长的新环境。

换个地方与孩子谈心

深圳高级中学（集团）　李世芃

"今教童子，必使其趋向鼓舞，中心喜悦，则其进自不能已。"

——王阳明

作为班主任，总免不了与学生在办公室谈心。谈心的原因有很多种：当学生犯错时，教师要找他谈心；当学生遇到学习上的困惑时，教师要帮他解惑；当生生之间出现矛盾时，教师又要找他们来谈心调解；当家长与学生之间出现问题时，教师还是要与他们谈心。

谈心过后，我们发现：有的学生有了明显的进步，可有的学生还是老样子。有的教师谈心有方法，学生愿意听；有的教师苦口婆心，无论说什么，都对学生都不起任何作用，甚至学生产生逆反心理。

为何同样是谈心，却出现迥然不同的效果呢？将心比心，换位思考后，我认为教师要找准地方与学生谈心才能真正发挥谈心的作用。

浣浣是我们班里最顽皮的一个学生，活泼好动，不听话，每一次科任教师反映的问题学生中他都"榜上有名"。我时常担心他出事。有段时间校园安全事故频发，其他班都出现了类似的一些安全事故，所幸我们班没有发生。为了防患未然，我一直都很关注我们班的一些顽皮学生的课间操和课间情况，还安排了班级内的小帮手暗中观察，生怕出事，可是最终还是百密一疏。一天课间操结束，开始上楼的时候，浣浣跑步上楼，一个不留神磕到了头，顿时额头上起了一个很大的包，急忙去了校医室进行包扎和处理，校医说不会留疤。

我当时想大发雷霆，但是自己深吸一口气后，用理智地克制住了冲动，心想："我能说什么呢？直接当众批评教育吗？我现在批评他，他能听得进去吗？他会改吗？我的态度会不会影响他？如果我苦口婆心地说了一大堆，结果人家左耳进、右耳出，最后遇到类似的事情，岂不是还会重蹈覆辙吗？"于是，我决定换个角度解决问题。

体育课的时候，我把他单独叫到了我的办公室。然后我跟他说："走，我们一块儿去做一下早操。"他是一个好动的孩子，听到要运动，眼睛马上亮了起来。我跟他做完了一套早操，然后按照我们回班的路线，一起回到了班级。走楼梯的时候我对他说："孩子，听语文老师说你识字方面有了很大的进步，老师考考你，这个楼道的标志上面写的是什么呀？"

"李老师，这个很简单！上面写的是'上下楼梯靠右行，不奔跑，不打闹'！"

"嗯，很好！那么我们可要按照这个指示来做哦！"

但我出其不意，没有按照指示来做，反而加快速度奔跑。他也紧随其后，然后我就在他"出事"的那个地方，自己假摔了一次。他快速跑过来，对我说："老师，你没事吧。"

这个时候我反手将自己的大拇指按在了他瘀青的头上，他顿时感到了疼痛，与此同时他也似乎明白了些什么。这个时候他突然低下了头，沉默片刻后流下了"男儿泪"。

"浣浣别担心，老师没事。"

"李老师，你经常跟我们说，在学校，一定要注意安全，不要奔跑打闹。但是今天早上我听到上课铃声响了，实在是太着急了，所以就忍不住奔跑起来，结果不小心摔了一跤，让您担心了。对不起！"

这一次楼梯口"密谋"的一场"自编自导自演"的谈心戏，效果真的不一般，我想以后与学生谈心还是要转变以往的思路，从以下方面另辟蹊径！

首先，教师要做好心理准备，想好找什么地方。为何要到这个地方，是为了引起孩子的回忆，还是希望环境能使孩子改变一些什么。总之，这个地方要能让孩子愉快地接受才比较好。

其次，教师找准谈心的地方后，一般应选择谈话的方式。师生可以面对面坐着，这样可以减少孩子的心理压力，不会让孩子有太多的顾虑，使以心换心的效果更为明显。这样老师能走近孩子的心，找出"病因"，然后对症下药；孩子也会"痛定思痛"，走出迷惑，改正缺点，完善自我。

最后，找准地方后，教师谈话要讲究艺术。教师要多用肯定的语气。每个孩子都希望得到教师的赏识，班主任与孩子接触的时间比较多，对孩子的了解相对多一些，如果教师注意说话的语气，多使用肯定的语言、多用鼓励的语气、多用赏识的方法，那么，孩子改正错误的可能性就会大一些。与孩子谈心，孩子需要的是一种精神上的力量、一种心理上的支持，而不是空洞的说教，所以，教师多使用肯定的语气可以使孩子更容易接受些。

新课程标准的实施要求教师不断改革自己的教学方式与教学行为，那么找准地方与孩子谈心，必能使孩子在教师的爱心感召下，认清问题，激发兴趣，燃起热情，消除心理障碍，发展自我，从而拥有一个丰富的精神世界。

记住每一个学生的名字

深圳高级中学（集团） 李保成

【教育背景】

心理学家说，当听到别人叫自己的名字时，人的内心会产生喜悦感和满足感；年长的教师说，记住学生的名字是教师的责任。惭愧的是，我执教现在的年级一整年了，直到一个月前我才记住了大部分学生的名字。我的借口是，我是信息技术老师，四年级每个班级每周才上一次课，而我每节课面对48名左右的学生，要我记住整个年级的学生太难了。再说，万一我认错了学生就太尴尬了。我在机房上课叫学生的学号，不记学生的名字，同样能够上好课。

【事例重现】

有件事情对我触动很大。一天，我拿着每个班级的花名册，去四年级的班级收集优秀的比赛作品。我走到四（6）班，收集王×茜同学的作品时，我叫的是王×茜（qiàn），这时同学们异口同声且很是不屑地告诉我，她叫王×茜（xī）。我拿着手中的作品，想辩解些什么但没说出口。两名学生凑上前，提醒我说，"老师，我是××""我叫××"。我从他们的语气里能听出来，他们默认我是不知道他们的名字的，想让我记住他们的名字。那一刻，我感觉到了我在孩子们眼中的陌生。

给这些可爱的学生上课也近一年了，有很多学生的名字我都没叫过一次，辜负了多少期待的眼神。那两名学生胆怯的提醒像是无情的鞭子抽打我。作为一名教师，我太惭愧了。从第二天开始，我尝试尽可能记住每一个学生的名字。我用的方法很笨，对照着班主任给我的大头照，看着背面的名字，一个一个地记。不出一周，我已经能叫上大多数学生的名字了。

【教育效果】

渐渐的，我的课堂发生了一些变化，举手发言的学生多了，调皮捣蛋的学生少了。最明显的是，面对课堂上淘气的学生，点出他的名字远比"那位同学不要讲话了"要有"威慑力"，其他人也知道老师是了解他们、注意他们的，没有了"老师讲老师的，我自己玩自己的，反正老师不认识我"的侥幸心理；当树立榜样、表扬学生的时候，我说出他的名字会让学生为自己的行为感到骄傲，这样也会吸引其他同学羡慕的目光，从而不自觉地跟着榜样学，让优秀的学生主导班级；最令我惊喜的是，以前默默无闻的学生在被我点到名字发言后，我明显感觉到，他在接下来的课程中变得积极了，敢于回答问题了。

如此，不仅课堂气氛变好了，我和学生的课后接触也变多了。进教室的时候，我会听到学生兴奋地说"哇，太好了，信息技术课"；下课后，有很多学生把我围在中间问我问题；放学后，也有学生远远地跑过来和我打招呼。我的一点点付出得到了极大的回报，我真是开心极了！

【总结反思】

首先，做一名好的教师是不分学科的。为人师表，为人楷模，在学生的眼中，所有的教师都是博学的、受尊敬的。弱势学科的教师也应该履行教师职责，了解学生，关注学生。课程是分学科的，但好的教师是不分学科的。

其次，记住每一个学生的名字，是责任，是教育成功的开端。记住每一个学生的名字，回应每一个渴望关注的眼神，倾注爱和关怀，这样微小的付出可以让学生收获极大的满足感。最重要的是，教育要有温度。《学记》中记载："亲其师，信其道；尊其师，奉其教；敬其师，效其行。"教师拥有了对教育事业的热爱和对学生的爱，才会关注课堂，关注学生的微小变化，从而促使学生积极发言，对学科感兴趣。教育不是冰冷的讲授，是心与心的交流。教学有温度，教育才会满含爱与尊重。

既和学生"打成一片"，又有着教师的权威，是我的教学理想。作为一名小学教师，记住每一个学生的名字仅仅是我践行教育理想的开始。我既为师，为人师表，我愿意在传播知识的同时，把我对世界的粗浅认知教授给学生。我想起了母校东北师范大学的原创主题歌曲《师德公约》，摘抄如下：

我既为师，以德为先；兢兢忘己，业业育贤。

我既为师，以仁为范；为人师表，天下在肩。

我既为师，以知为难；正学塑身，求真不倦。

我既为师，以爱为念；严爱相济，惑解道传。

教育，有时需要转个弯

深圳高级中学（集团）　陈姚伊

下课铃声刚响，英语教师气冲冲地跑到我办公桌前，手里拿着一张画得密密麻麻的漫画纸，说："这是刚刚英语课时，马小斌同学画的，现在还有一周就要期末考试了，这课到底还上不上了？我下节还有课，交给你处理了。"说完便转身离开……

作为班主任，我最害怕的就是接到科任教师的投诉。以前，我肯定会第一时间把这名学生找来，直接指出他的问题，劈头盖脸地把他骂一顿，但现在的我不会这么做了，因为这样做收效甚微。

马小斌同学学习基础较差，但还是愿意学习且力求上进。他热爱阅读，从他的时间计划本的安排来看，平时不管多晚完成作业，他都要抽出20分钟左右的时间来画画。我知道这除了是一种爱好，其实更是一种放松减压的方式，所以对此我也是睁一只眼闭一只眼。

于是，我到班级找到马小斌，喊他到走廊聊一聊。我没有直入主题，而是先问问他的学习近况。之后，我说："平时看你很喜欢画火柴人，不如让你妈妈了解一下，将来报考美术相关专业吧。"他一脸疑惑地问我为什么，我拿出刚刚英语老师没收的画满火柴人的画纸，轻声说："上课时都要抽出时间来画火柴人，这不就说明你热爱画画吗？"他的脸"唰"的变红了，支支吾吾地说道："老师，我上课没有画。"我挥动手上的纸张，问道："那这个怎么解释呢？"他摇摇头，回答："老师，我上课真的没画，我只是拿出来标一下序号。"我笑了笑，说："那不管是否在课堂上画画，但你至少拿出来看了，并且影响到你的听课状态了。你看英语老师多关注你，你一走神，老师立刻就能发现，说明老师希望你在课堂上能够跟着讲课节奏，不走神！而且据我观察，你每天晚上也会挤出时间来画火柴人，所以如果真的很热爱的话，我觉得可以建议你的家长给你报个相关的美术专业呢。"说到这儿，他的眼泪吧嗒直往下掉，边啜泣边说："陈老师，以后上课我会认真听讲的，一定不会再出现今天这种情况了！我跟您保证！"

我拍了拍他的肩膀，欣慰地说："老师知道，其实你是一个遵守纪律、勤奋好学的孩子，我并不反对你画火柴人，但现在你也长大了，说话做事都要看场合、分情况，上课时间就应该认真听讲，放学回家时可以适当放松。我看到你每天都会花10分钟来复习当天所学，然后再花20分钟画火柴人，现在我倒有一个建议，你可以参考一下。"马同学看了看我，说："陈老师，您说说看。"我微笑着说："复习知识与画火柴人其实可以相互结合起来，将所学知识融合到火柴人的对话里，这样既能巩固知识，也能放松减压，岂不是两全其美？"此时我看到他眼中闪烁着光芒，点了点头表示赞同。

这时，耳边响起了上课的铃声，我看着他的眼睛说："如果你有兴趣，不妨去实践一下，期待你来跟我分享你的感想与收获哦！"他坚定地点了点头，说："好，我一定会的。"并向我深深鞠了一躬，然后在我的目送中跑进了教室……

此后，我再也没有接到过科任教师有关他在课堂上画画的投诉。

教育，有时便是如此，需要转个弯！